老子新读

薛飞 ◎ 编著

民主与建设出版社

·北京·

© 民主与建设出版社，2018

图书在版编目（CIP）数据

老子新读 / 薛飞编著. — 北京：民主与建设出版
社, 2019.1

　　ISBN 978-7-5139-2271-5

　　Ⅰ.①老… Ⅱ.①薛… Ⅲ.①道家②《道德经》—研
究 Ⅳ.①B223.15

　　中国版本图书馆CIP数据核字（2018）第191343号

老子新读
LAO ZI XIN DU

出 版 人	李声笑	
编　著	薛　飞	
责任编辑	刘　芳	
封面设计	北京中尚图文化传播有限公司	
出版发行	民主与建设出版社有限责任公司	
电　话	（010）59417747　59419778	
社　址	北京市海淀区西三环中路10号望海楼E座7层	
邮　编	100142	
印　刷	万卷书坊印刷（天津）有限公司	
版　次	2019年1月第1版	
印　次	2019年1月第1次印刷	
开　本	880×1230mm　1/32	
印　张	9.5	
字　数	175千字	
书　号	ISBN 978-7-5139-2271-5	
定　价	59.00元	

注：如有印、装质量问题，请与出版社联系。

序　言

　　春秋战国之际堪称中华民族历史上的一个大改革、大变局的时代。其时诸侯争霸、百家争鸣。"道生之，德蓄之，物形之，势成之"，如此风云际会，使得这个时代诞生了中华民族文明史当中最为璀璨的一批思想家。这些先贤们的智慧或隐或显，不同程度上改造了我们的民族，启发了我们的智慧，为中华民族的文化传承打上了独一无二的思想印记。他们的思想千年不朽，我们的民族血脉也由此而千年不衰。

　　谈到中国古典哲学，就必然无法忽视《老子》。虽然自汉代董仲舒提出"罢黜百家，独尊儒术"至今，儒家思想始终居于"显学"地位，但我们必须认识到，《老子》思想虽然没有获得儒家般崇高显赫的地位，但始终以"微明"的方式隐藏于中华民族的历史脉动当中，谓之："道之为物，惟恍惟惚。惚兮恍兮，其中有象；恍兮惚兮，其中有物；窈兮冥兮，其中有精，其精甚真，其中有信。"因此，要想搞懂中华文明，就必然需要搞懂中国古典哲学；要想通盘全面地搞懂中国古典哲学，就必读《老子》。然而在我当初开始学习《老子》之时，越读越发现无论是河上公、王弼，还是现代的前辈学者，他们在解读和诠释《老子》之时，往往或多或少过于靠近儒家思想，似乎背离了《老子》本义。那么《老子》本义究竟如何呢，通过我的学习和思考，我认为，《老子》哲学与儒家哲学最大的区别就在于《老子》以"朴素的客观唯物主义思想"为核心，而儒家哲学在多数情况下更偏向于主观唯心主义思想。因此，要想真正地认识和理解《老子》思想，就必然需要以唯物主义的思维方式为立足点和出发点。因此，就有了本书的创作主旨。

在以往前辈学者的研究当中，有人提出《老子》思想是"朴素唯物主义"。然而在我看来，这样的定义是不够准确的。阅读本书可知，《老子》五千言无疑在很大程度上向我们表达了其历史唯物主义和辩证唯物主义的思想内涵。因此，我将《老子》思想以"朴素的客观唯物主义思想"论之，而非以"朴素唯物主义"称之。我们也不能苛求两千多年前的《老子》为我们建立一套完美无缺的、符合现代科学精神的客观唯物主义思想哲学，故而称其"朴素的"。

本书在提到"老子"时，多使用书名号而非直称其人名，是因为"老子"其人究竟是谁这个问题在目下的学界仍然没有定论。我们现在能够见到的《老子》或《道德经》版本，无论是郭店简本、马王堆帛书本，还是河上公本、王弼本，皆有很多字句不同，甚至存在很大歧义。毕竟从《老子》写成时代至今的两千余年的历史过程中，因为技术手段所限和历史剧变影响，我们今天看到的任何一个版本的《老子》都肯定不是最初成文时的模样。但从历史唯物主义的角度出发，我们应当承认，无论我们今天所认识的《老子》全文当中有多少是历史传承过程中后人的删减增订，其主旨基本没有偏离原文初成之时的思想。因此，本书在原文的注释和校订时根据作者学习思考的心得，在注释中进行了说明，尝试将一些明显存在问题的字句尽可能还原回《老子》本义。然而本人学识尚浅，谬误之处恳请读者多多提出高见。

薛 飞

2018 年 6 月

目录

第一章

"道"可道^①，非常道；"名"可名，非常名^②。

无，名天地之始；有，名万物之母。

故常^③无，欲以观其妙^④；常有，欲以观其徼^⑤。

此两者同出而异名^⑥。

同，谓之玄^⑦。玄之又玄，众妙之门。

---

① "道"可道，非常道："道"是一种可以探究和学习的哲学思想，但不是人们寻常或一般认识中的道理和思想理论。

② "名"可名，非常名："道"的哲学思想当中的各种定义和概念是可以用各种词汇来描述或表达的，但其意思不同于人们日常普遍的认识。名，指定义、定理、定律，非名字、名称之意。

③ 常：恒常的、处于常态化的。与第一句的"常道""常名"所指的"一般化的""平常的"意思不同。

④ 妙：奇妙、奥妙。引申为抽象的自然规律和法则。

⑤ 徼：边界、界限。引申为具象的形态。

⑥ 此两者同出而异名：这两个哲学元素同样都是出自于"道"，但其定义和概念却截然不同。

⑦ 同，谓之玄：同，指"有""无"处于一种交融的、纠缠的状态，这种状态称之为"玄"。与前一句中的"同出"所表达的"共同出自于"或"同样出自于"意思不同。玄，象形，象征丝线互相缠绕，用于形容"有""无"两者辩证统一的哲学关系。

在开篇的头一句话，《老子》就开宗明义地提出："道可道，非常道"，这便是告诉我们，虽然"道"是真理，但《老子》五千言本身却并非"道"的全部和本质。《老子》尝试探究和引导我们这些后继之人认识真正的"道"，但作为人类的我们终究太过渺小，即使老子本人也无法突破这一藩篱，因此"道"也就不可"名"、不可定义，虽是伟大的"众妙之门"，却始终"玄之又玄"。

相传我们今天见到的传世版本《老子》，乃是由魏晋时期王弼重新编排各章顺序，并作注解的。据马王堆出土帛书版本的《老子》来看，最初的《老子》并未如传世版本一样分为九九八十一章，各章之间的顺序也有所不同。但我们通过阅读全文来看，传世版本将"道可道"篇作为第一章还是颇为恰当的。本章作为全书开篇，第一句话就直接点题，为全文主旨打下基础，并且提供了非常丰富的内涵。在《老子》所处的时代，正值先秦百家竞相争鸣之际，道家学说虽然在后世千年流传之中深刻地影响了中华文明，但从其诞生开始却从未成为被社会广泛接受和采纳的主流思想学说。因此《老子》开篇首句即云："道可道，非常道；名可名，非常名。"这就是《老子》告诉我们，"道"是可以探讨、可以研究、可以学习、可以一定程度上定义的，但"道"的哲学思想所阐述的内容和定义却是区别于人们寻常认识的主流思想和学问的（非常道）；"道"的哲学思想中，相关的概念、定义和名词，也是区别于人们寻常认识的主流思想和学问的（非常名）。因此《老子》之"道"就是"非寻常之道"，《老子》文中的各种定义和理论也就是"非寻常之名"了。同时，我们应当认识到在先秦时代，《老子》之"道"与当时社会当中的寻常之道已经有所区别，而我们现代人更要避免使用现代汉语的语法语义去理解老子用古代汉语写就的五千言。

那么，《老子》及以其为代表的道家哲学思想如何启发我们认识"道"呢？这就要从"无""有"这两者之间的关系着手。《老子》哲学的核心思想可以说是脱胎于《周易》，后者的核心——阴阳辩证统一——哲学观。具体到《老子》哲学中，就是"无"与"有"这两大基本哲学元素构成的辩证与统一的哲学观。"无"是一个抽象概念，往往被人们忽视。与之对立形成辩证的"有"是一个具象概念，代表一切具体的、容易被我们日常认知的事物。因此在学习道家哲学的过程中，首要的课题就是学会正确认识这种辩证思想，并把上述两个最基础的概念推而广之，代入到一切事物中去。与辩证思想当中的对立关系同等重要的另一点，即辩证关系构成的统一性。"有""无"不但象征着一切事物都隐含着的对立关系，同时两者又统一起来构成万事万物。辩证与统一这两者之间形成了更高一层的大一统关系。这就是《老子》思想的基本核心。

在中国古代社会的语境中，天地万物既用以泛指一切事物，又各自有其特指。东汉许慎《说文解字》曰："元气初分。轻清，阳，为天；重浊，阴，为地。""物，万物也，牛为大物，天地之数起于牵牛，故从牛。"如此我们可以知道，中国古人朴素的宇宙观认为天地万物乃是由所谓"元炁"分解而诞生（与这种传统思想不同，《老子》并没有直接探讨"元炁"的概念）。天地万物指自然界当中的一切有形的、具体的事物。于是《老子》开篇第二句就明确提出了道家哲学独有的宇宙观的基础："无，名天地之始；有，名万物之母。"这就是说，天地开端于"无"这个抽象的、形而上的概念，之后才出现了以"有"为代表的具象具体的万物。宇宙衍化发展的过程乃是一个"无中生有"的过程。

《老子》曰："常无，欲以观其妙；常有，欲以观其徼。"所谓"妙"者，奇妙、奥妙之意。与抽象的"无"之"妙"相对的概念是"有"之"徼"，即有形、具象的事物。如何理解？我们举一个例子：苹果从树上掉落到地面上，这一过程是有形的、具象的、可以直接观察到的，即"有"。而支配这种现象的自然法则——

万有引力定律，却是无形的、抽象的、无法直接观察到的，即"无"。当然，今天的人们都明白苹果落地这一现象是万有引力定律在发挥作用，但这是因为牛顿发现了这一定律并使之成为人人皆知的知识，而非这一定律本身是一个可以直接观察到的实实在在的东西。因此可以说，在《老子》哲学中，"无"即客观存在的自然规律和法则，虽然看不见摸不着，却支配着一切实体实质的事物，即"有"。这就是后文所谓"万物生于有，有生于无"。

接着《老子》又说："此两者同出而异名。"这就是说，"有""无"这两大基础性的概念共同出自于"道"这个更大的哲学概念。而"道"的另一个代称即"玄"。"同，谓之玄"，这个"同"需要理解为"结合起来"或"合并起来"，这种状态就称为"玄"，这个"玄"就是指"有""无"结合而形成的纠缠态势和关系，而非玄妙、玄奥、玄乎，万不可将其含义延伸到神秘主义，甚至陷入封建迷信的歧途。"有""无"这两个基础哲学元素在一切事物、一切领域中相互结合并推动事物的发展前进，小到苹果落地，大到宇宙生成，因此《老子》说："玄之又玄，众妙之门。"

第二章

天下皆知美之为美，斯恶已；皆知善之为善，斯不善已。

"有""无"相生，难易相成，长短相形，高下相顷，音声相和，前后相随，恒也。

是以圣人处无为之事，行不言①之教。

万物作②而弗始，生而弗有，为而弗恃，成而弗居③。夫唯弗居，是以不去。

---

① 言：指教条的理论、道理。
② 作：生长、成长、发展之意。
③ 居：停滞、懈怠。

在《老子》开篇首章就提出了道家思想的核心之一——"无有辩证"，而在第二章，就继续论述了这一辩证思想，并将这种辩证与统一的关系贯穿于全文始终。世间被人们广泛认知的美丑、善恶、难易、长短、高下等一系列相生相对的概念，都有着一致的辩证关系，这种辩证又包含了两大要素，对立与统一。两者之间既为

对立，又统一而不可分割。失去了丑这个坐标，人们就无法定义美，失去了恶的标准，人们就无法定义善。而一切相对的概念都有一个共同的特点——在"道"的规则下自然形成，《老子》谓之"恒也"。而自然的状态又是《老子》极力倡导的一种为人处世的态度和方式，但需要注意的是，《老子》倡导的自然并非我们寻常理解的"自然界"这样狭隘的概念，而是一种在"道"的规则下顺势而为的观念。所谓"道法自然"，即玄之又玄的"道"也有其自己特定的发展方式和规律，因此"自然界"的一切万物都遵循"道"的规律而发展。作为万物之灵的人，也应当回归质朴，以"道"的规律作为自身的行为规范。

关于"圣人"之意，在第五章中对《老子》的社会观进行了分析。这里我们可以理解为引领社会和文明顺应"道"的规律发展进步的人。人类社会所独有的、不同于自然界的行为和事物很多，伴随人类智慧而产生的各种学问和道理也很多，但《老子》眼中的"圣人"却要坚持以"道"的标准来规范自己的行为，而不可肆意妄为，这就是"无为"；坚持以自觉自愿的态度去探索和认识"道"，以"道"的标准和法则为自身的指导思想，而非以世俗、狭隘和片面的教条和定论去教化世人，这就是《老子》所谓"不言之教"。况且先秦诸子除老庄之外，各家先师无不著书立说并极力向天下宣扬自己的思想主张。而老庄虽有阐述自身思想的文字流传后世，却从未主动向外界宣传推广，皆是以一种清静无为的态度淡然处之，任由后人自发学习和继承、领悟。

自然界万物生长、发展、发挥自身作用，都是自然而然顺应"道"的规律运动，生生不息，而非世俗观念中的某种带有明确主观目的性的因果关系。"道"本身并没有一般意义上的开端与终结，也就无所谓"因果"。例如，从数学的角度来讲，数学本身就是抽象和形而上的，并没有一个明确的真正意义上的开端，但为了使其可以联系起我们人类文明可以认知的一切事物，于是我们假定数字是从 0 或 1 开始，由此来引出后面的数字以及一切用以定义宇宙万物的数学公式和定理。然而，尽管我们可以假定数字的开端，却永远无法计算出数学的尽头，也永远无法找到那个最小的数。而随着人类文明对数学的不断深入研究，数学家们逐渐发现其实宇宙万物都可以用数学语言来形容和定义，宇宙中一切宏观和微观的事物和现象都可以用数学方式来描述，已经发生的和尚未发生但将要发生或可能发生的一切事物都可以通过数学计算得到结果和答案。故此我们可以说，数学其实就是一种用于描绘和定义"道"的方法。数学和"道"一样，既是本体论又是方法论。

而本章最后一句重点强调的"弗居"，就是《老子》对"道"的规律的明确与强调——"道"的法则和规律是永不停息的发展进步——只有始终跟随"道"的发展趋势保持不断前进——《周易》谓之"与时偕行"，才能不被淘汰，万物如此，人类社会和文明也是如此。

一些版本的释义将该句联系上一句末尾部分的"功成而弗居"，合并解释成"人虽成功却不能居功自傲"，就略显狭隘了。

第三章

不尚贤，使民不争；不贵难得之货，使民不为盗；不见可欲，使民心不乱。

是以圣人之治，虚其心、实其腹、弱其志、强其骨。

常使民"无知""无欲"，使夫智者不敢"为"也。

为"无为"，则无不治。

任何一门伟大的哲学思想，其根本目的都是引领人类文明达到一种类似"理想国"式的文明程度，《老子》如此，马克思主义哲学思想所追求的广义上的共产主义社会也是如此。但是人类文明虽然已经从《老子》所处的时代向前发展了两千多年来到了我们今天生活的现代社会，科技和生产力已经得到极大的提升，但今天的人类文明相对于那个可能达到的理想中的顶峰形态，依然与《老子》时代一样处于一个较为低级的阶段。如同我国对我们当前所处社会阶段的阐述一样：我国仍然处在社会主义初级阶段，并将在今后一个时期长期处在这一

阶段。因此对于当前人类文明程度所能提供的物质资源，尤其是少数优质的稀缺资源，必将引发激烈竞争，甚至恶性竞争，并且这种竞争必然将导致各种激烈的社会矛盾。在这种局面下，很多有"智"之人为了一己之私，必然会通过各种恶劣的手段来进一步激化和利用这种竞争产生的社会矛盾，甚至将整个文明和社会带入停滞和倒退的可怕境地。

这种人类文明所独有的对世俗的名（贤）、利（难得之货）、欲的贪婪和渴望（可欲），都是人性的一部分。"道大、天大、地大、人亦大"，人类文明与人性都是"道"的产物，但因人性而产生的人类文明价值观往往又与"道"所倡导和代表的价值观相抵触。在《老子》看来，人类对名、利、欲，这些少数优质稀缺资源的恶性竞争，以及竞争引发的恶性社会矛盾就是"不德"与"不道"的行为，就是妄为。因此《老子》提出，那些引领人类社会发展和前进的圣人，应当引导整个文明和社会建立以"虚""弱"为代表的"道"的价值观（"心"与"志"），同时还要满足以"腹"和"骨"为代表的人类基本的对物质文明和生命健康的追求。只要同时为人类社会建立起正确完善的精神文明和物质文明，那么整个文明和社会自然将顺应"道"的规律得到发展和进步，这仍然是《周易》哲学中的"与时偕行"，也是《老子》思想倡导的核心价值观——无为。如此，那些给社会和文明带来不稳定隐患的有"智"之人也就无法利用人性的弱点来肆意妄为。

《老子》云"道，常无，名朴"，就是说"道"通常以"无"的抽象形式来运动和存在。因此《老子》在倡导"无为"这个观念时，就首先要求人们做到"无知"（古文通"智"）与"无欲"。必须注意，这句话绝非要求人类社会采取反智与反人性的方法来达到"无为"，而是要求整个社会通过"圣人之治"，来建立以"无"这个抽象哲学概念为代表的"道"的价值观和思想观念，以"道"的标准来看待和评价"知"与"欲"。如此，当整个人类社会与文明建立了拥有广泛基础的、符合"道"的价值观的"知"与"欲"，那么必然将自动抑止少数"智者"的"不道妄为"，最终建立从扮演社会统治角色的"圣人"到渗透整个社会的"无为"观念——一个真正顺应"道"的发展规律的完美社会，自然"无不治"。

第四章

道，冲①，而用之或不盈。渊兮，似万物
之宗；湛兮，似或存。

吾不知谁之子，象②、帝③之先。

---

① 冲：同"盅"。《说文》：器虚也。
② 象：指天象、具象的宇宙万物。"天垂象，圣人象之"——
《周易》。
③ 帝：帝王、君主。引申为形成完整制度的人类社会。"王天下之
号也"——《说文》。

《老子》将"道"比喻为"盅"这个具体的容器。
如同第一章所说的方法，"有，以观其徼"——盅这个
看得见、摸得到、可以定义的具体的容器对应的就是
"有"的具象概念。而盅作为人们日常使用的盛装水酒
的工具，其真正发挥作用的地方却是"无"的中空的部
分，因此"无，以观其妙"。这便是《老子》告诉我们
的通过"有无辩证"来认识"道"的具体方法。值得注
意的是，古来很多前辈学者在阐释本章本字时将注意力
集中在了"盅"之"虚"的角度上，而忽略了"盅"之

形。至少在本章来看，这种理解是不足的。

　　《老子》又接着论述："盅"的外形和内虚共同构成"道"的"有无辩证"两个方面，这便是"道"之"体"。而正是"有"与"无"这两个方面共同发挥作用，"盅"才能够盛装水酒，这便是"道"之"用"。虽然《老子》以"盅"喻"道"，但真正的"道"却非"盅"这个具体实物所代表的"常道"，因此"道"的作用根本无所谓盈满，也永远没有尽头。其源远流长也就无所谓一般意义上的开端，正如后文所言："迎之不见其首，随之不见其后。"但可以肯定的是，在以"象""帝"为代表的宇宙万物与人类文明出现之前，"道"就已经广泛地存在并发挥其用了。

　　本章的文眼乃器虚之"盅"，在接下来的一句，《老子》又用"渊兮""湛兮"对这个"盅"进行了进一步的形容与阐释。"渊兮，似万物之宗"，《说文》曰："渊，回水也"，象形字，在甲骨文和金文中左右有表示水岸的"丿""丨"两个笔画，中间笔画则像水的样子，合起来像一个中间有水的深潭。古文渊写作"囦"，会意字，从囗、水。渊本意指回旋的水，引申指深潭、深水，又引申指深邃、深厚。《管子·度地》云："水出地而不流，命曰渊水。""湛兮，似或存"，《说文》曰："湛，没（mò）也"，沉没之意，又有清澈、明澈之意。因此我们能够想象，"道"是无远弗届、包罗万象的，同时又无比的清晰明澈以至于我们几乎无法用感官去识别。

第五章

天地不仁，以万物为刍狗；圣人不仁，以百姓为刍狗。

天地之间，其犹橐籥乎？虚而不屈，动而愈出。

多言①数穷，不如守中②。

---

① 言：学问、道理。
② 守中：守者，从寸。寸者，法度也，意为对法度和规范的遵守、秉持。中者，中和、中性。《老子》思想中的"中"与"中庸"的核心思想相近。"守中"，即遵守和秉持"道"的"中性""中和"的价值观。

本章主要是阐明《老子》的价值观。首句以"天地"对应"万物"，以"圣人"对应"百姓"，因此需要结合起来加以分析。第一章"无，名天地之始；有，名万物之母。此两者同出而异名"，因此本章首句中的"天地"与"万物"分别对应着"无"和"有"这两个《老子》思想中的基础哲学元素。二者同生于"道"，对应着"圣人"与"百姓"同生于人类社会之中。结合

后文中"道，常无，名朴"来看，首句以"天地"代指的"无"虽然不等同于"道"，但却可以部分代表"道"的常态。而"万物生于有，有生无"就更加具体地说明了《老子》宇宙观中的万物衍化的顺序及关系——"无"中生"有"，"有"生万物这样一个递进的过程。这便是首句中"天地"和"万物"的关系。

后半句中的"圣人"与"百姓"之间的关系，联系我们上面对前半句的分析，就能看出《老子》思想的社会观。中国古代社会中，能够被后世尊为"圣人"的历史人物，以尧、舜、禹、汤以及伏羲和炎黄二帝为主要人物。后世又出现了"文圣"孔夫子和"武圣"关公。孔夫子虽与老子大致处在同时代，但其被尊为"至圣先师"也是后人之事，而关公则是更加后期了。因此分析《老子》所谓的"圣人"，就要从早于《老子》时代的远古时期的三皇五帝来算。综合来看，这些中华民族的古代圣人们有一个共同的特点使得他们被后世子孙尊为圣人，那就是他们都是大大推进了整个民族的文明程度，使之向前发展之人。他们以自身的智慧广施善政，引领了中华文明的进步，而不同于西方文明的圣人——基督教的耶稣和他的门徒们，或者伊斯兰教的圣人——先知穆罕默德，更多是依靠背后的一个拥有超自然力量的神祇，而被自己宗教中的教众封圣。因此我们知道，《老子》的社会观中并没有宗教和超自然的神祇的位置，所谓"圣人"也同样是人类社会中的一员，其与"百姓"

的区别仅在于他们掌握了引领整个民族、整个文明向前发展进步的真理。《老子》所谓"圣人",并非是拥有超自然力量的、品格完美无瑕的、超越了人性的,而是中性的、质朴的、不需要带有感情色彩来看待和评价的。

同时我们要注意到,《老子》所谓"圣人"并非与"百姓"形成狭隘的二元对立的关系。圣人并非凭空出现的,"圣人"这个称谓也并非自封的。要想成为《老子》所说的"圣人",那么其思想和行为必须经得起历史和实践的考验。"圣人"二字乃是虚指,如同前面所说,标准就在于他是否能够引领人类社会和文明顺应"道"的规律和潮流向前积极发展和前进。借用毛泽东主席的一句话来说,就是"对人民有用的人"。

接下来再看首句中的一个"仁"字。从孔子开创儒家思想学派,并为"仁"字赋予儒家思想的价值观以来,可以说这是中国古典哲学思想中最重要的一个字,它代表着贯穿了从先秦时期一直到今天这个时代的中华传统文化的主流价值观的核心。要学习国学、学习中国古典哲学,就绕不开这个"仁"字。通过学习《老子》的思想我们知道,《老子》倡导"道"而非"仁",但如果我们不搞清楚"仁",也就很难掌握《老子》之"道"。这二者的关系非常微妙,如同《老子》在第二章中对几组相反相成的概念的论述一样。

《说文》曰:"仁,亲也。从人,从二。仁者兼爱,故从二。"可见"仁"在《说文》成书的汉代有两层意思，第一层意思的"亲"属于儒家思想的价值观；第二层意思的"兼爱"则是墨家价值观。《说文》曰："亲，至也。至，鸟从高下至地也，从一。一犹地也，象形。不上去而至下。"从"至"字古义我们能看出，其象征一只鸟从天空中落于地面——由上至下贯穿天地的一个连贯的过程。从这个意义上往回推导，我们就不难发现，儒家价值观所倡导的亲爱、仁爱，正是如这个"至"字的会意一般，乃是一种有差等的社会关系——例如天地、君臣、父子、兄弟、夫妻，此五种关系本身就是由上至下的五个差等，而这些构成儒家价值观的社会关系词语，皆是主在前而从随后，例如地从天、臣从君、子从父。由此，我们不难揣测，"仁"字从二，这个"二"的上下两横即象征天地和以天地为代表的有差等的等级关系；从人，即引申为人类社会。人与二合写为"仁"，就回到了"亲"——儒家价值观给出的带有差等之亲爱。上文提到的《说文》给出的"仁"的第二层墨家"兼爱"思想的含义，其核心内涵简而言之就是反对儒家的有差等的社会关系之亲爱，提倡没有差等的、完全平等的社会关系和亲爱感情。

然而无论儒家的仁爱还是墨家的兼爱，都带有丰富的积极正面的感情色彩，都以唯心主义为立足点和出发点。因此不少学者在注释本章本句时，都将这个"仁"释义为"仁爱""恩德"，因而带有明显的唯心主义的感情色彩。而所谓"不仁"即不仁爱、不施以恩德，哪怕是靠拢向墨家的兼爱，也至多是不施以偏恩偏爱。如此来理解"不仁"并结合本章首句的完整意思，那么看起来《老子》的思想以及"道"的规律和法则就变成我们寻常所说的冷酷无情了（无情本身也是一种感情）——天地和圣人是不施恩不偏爱的，任由万物及百姓自生自灭。可以说，这种释义仅仅将《老子》的本意理解了一半。何以支持我的看法呢？见《第八章》"上善若水……故几于道"，《三十五章》"执大象，天下往，往而不害，安平泰"，以及《四十一章》"夫唯道，善，贷且成"的释义。"道"本身是客观、中和、自然而然的，是没有任何感情色彩的，因此也就无所谓世俗的仁爱恩德；但"道"又是引导天地万物以及人类文明发展前进的根本法则和规律，因此必然也不是"冷酷无情的"，而是以朴素的客观唯物主义的，纯粹中性的性质，推动和引领万物向前发展和进步，这才是"道"的主旋律和主要价值观。

明代谏臣杨涟曾有名言"雷霆雨露，莫非天恩"，这句话，尤其这个"恩"字，就流露出典型的、客观唯心主义的儒家思想价值观。在儒家看来，人从天，臣从君，因此君王对臣子要杀要剐，臣子都应当心甘情愿领受而没有异议。但如果从道家思想来看，这句话就应当讲作"雷霆雨露，莫非天象"。天象仅仅是一种客观的自然现象，对人来说无恩也无怨，因此上天降下春雨，人就顺应并利用这个时机在田地里播种而无须感恩戴德；

上天降下暴雨引发洪水，人也只需采取力所能及的手段躲避洪水降低损失，而无须过多施加感情，更无须给自然天象引发的灾害加上"天谴"的含义。

因此结合本章及全文来看，我们就会得出所谓"不仁"的全部含义——"道"是中性的、客观的，是唯物主义的，因此引领人类文明和社会发展前进的"圣人"之"为"也应当是中性的、客观的、不以自身感情好恶为出发点的，是以谓之"无为"。天地和"圣人"对待万物和百姓既不会为了施恩而施恩，当然也不会完全置之不理、视若草芥。恩与罚，仅仅是维护社会秩序、推动社会发展的方法和手段，而绝非目的，更加不是本质。真正的"圣人"治世，施"仁政"是道，施"不仁之政"也是道，仁与不仁仅仅是以世俗眼光做出的看法和评价标准，而"圣人之政"的本质，却是以整个文明和社会的发展与进步为最终目的。就如同我们对待和看待刍狗一样，仅以"道"的客观规律和法则为标准来看待事物的存在价值和意义，顺应"道"的发展潮流和价值观而"为"。而"道"的规律正如天地间之橐龠一般，虽然看似虚无缥缈，但却不为外物或者人的主观想法和愿望所影响，动静张弛之间仅以纯粹中性客观的标准进行作用。

所以《老子》在本章最后一句提出"多言数穷，不如守中"，天下各门各类的学问道理虽多，但穷究其理，也不如遵照中性客观的"道"的价值观。

第六章

谷①、神②、不死③，是谓玄牝④。玄牝之门，是谓天地根。绵绵若存，用之不勤。

---

① 谷：《说文》：泉出通川。

② 神：《说文》：引出万物者也。

③ 不死："死，澌也"——《说文》。意为水流渐尽，"不死"即水流不尽。

④ 玄牝：首章曰"无……有……，此两者同出而异名，同谓之玄"，故"玄"即"道"的别称。"牝"，《说文》曰："畜母也，从牛。"《易》曰："畜牝牛，吉。"故"玄牝"即《老子》形容"道"之于天地万物呈现出的某种母体或本体的哲学形态。

很多传世版本的《老子》注解中，对于本章首句的"谷神不死"通常解析都语焉不详。从魏晋时代的王弼注解开始，各家大致都将"谷神"说成是"道"的代称，谷中空虚谓之"神"，而"不死"二字则按照字面意思解释。在道教思想出现后，更是将"谷神"理解为人体腹部的"元神"。在我看来，王弼等诸家给出上述这样的理解似不足取，而道教对其二字的理解已经进入了唯

心主义的神学的范畴，已经离开了《老子》的朴素的客观唯物主义哲学本义。那么究竟如何理解呢，我们就试着探讨一下。《说文》曰："谷，泉出通川"，"神，引出万物者也"，"死，同澌，水流澌尽"。如此我们可以判断，这是三个形容词，都是《老子》用以形容"玄牝"的。何谓"玄牝"？第一章已经说明"无""有"同出而异名；同，谓之玄；"牝，母牛也"。因此我们不难得出结论，"玄"或"玄牝"都是《老子》对"道"的代称之一。

再联系本章全文，我们可以更加准确地理解《老子》本意："道"就像山中的泉水一样流淌不息，永无止境。既创造和支配万物，称之为万物之母，又扮演着根本规律的角色支配万物发展衍化。虽然"道"并没有一个具象实体让我们用寻常的方法对其认知和观察，但其永远是宇宙万物发展前进的根本规律。

因此，本章即是说明"道"的运动规律。而"道"还有一个重要特点——"用之不勤"，"道"是在不断发展、永不停歇的，因此人类文明需要不断的探索、学习并应用"道"的规律，才能获得发展和前进，《周易》谓之"与时偕行"，这个"时"即"道"的发展方向和过程。因此我们可以说，"道"这个哲学概念，既是本体论，又是方法论。

第七章

　　天长地久。天地所以能长久者，以其不自生，故能长生。

　　是以圣人后其身而身先，外其身而身存。以其无私，故能成其私。

　　天地崇拜是一种人类不同文明都在逐渐认识自然的过程中不约而同产生的崇拜现象。尤其在中国古典哲学之母的《周易》思想中更是如此。《周易》的"乾""坤"正对应着天地，古代圣贤格物致知，以天地之德建立起中华文明最初的哲学底蕴。《系辞》曰："天垂象……圣人象之"，就是当时的人们认识以天地为代表的自然现象，并启发自身的体现。所谓"天长地久"，既是人类感叹于天地的伟大、造物的伟大，同时也是在感叹自身的渺小。

　　基于《周易》及中华主流文化对天之乾健、地之厚生之德的认识，《老子》思想更是进一步从自然方面提出了自己的认识。"无，名天地之始；有，名万物之母。此两者同出而异名。""人法地、地法天、天法道，道法自然。"《老子》认为天地不但有其德，更重要的是天地以及包括人类文明在内的万物的创生发展都有其根源，这个根源就是"道"。天地之所以如此伟大高远，能够发展孕育并承载缤纷复杂的自然万物，并不是因为天地自身如何伟大。天地只是顺应着"道"的"往而不害，安平泰"的发展规律，自然而然地参与万物的创生和发展，而非本身具有某种主观意志。

对于"道"来说，道虽然"往而不害，安平泰"，但"道"的发展规律同时也是客观的、不带有任何感情色彩的。《老子》曰："物壮则老，是谓不道。不道早已。"事物一旦背离了"道"的发展规律，就必然也会被淘汰。伟大如天地也是如此，正是以"道"的发展规律为纲纪——"不自生，故能长生"。"长生"者，长久也。景龙本、《次解》本、吴澄本、寇才质本、危大有本"长生"作"长久"（陈鼓应《老子今注今译》）。此说合《老子》原旨，故可取。

天地垂范，遵"道"贵"德"而得以长久，因此《老子》提倡人类文明应当效法天地，"人法地、地法天"，最终法于"道"。天地无为而无不为，自然参与和顺应"道"的发展规律和趋势，同样的道理，人也应当"后其身""外其身"，把自身的利害得失与"道"的发展进步的趋势相结合。通过抑制人自身主观唯心的想法，抑制自身那些"不道"的欲望与妄念，而顺应大道、历史的客观发展趋势，那么人就能如同天地一样获得积极的发展。

然而需要注意的是，《老子》认识到并非所有人都能认识和理解"道"的存在和价值观，要本质上主观、唯心的人类大众都能认识和顺应大道更是不现实的、不符合"道"的客观规律的。正所谓"大道甚夷而民好径""百姓皆谓我自然"，人类文明这种"不道"的情况其实也正是"道"的辩证组成部分。因此《老子》再次强调了"圣人"的重要性。社会大众可以"民好径""我自然"，但人类文明要想得到发展，就必须以能够认识"道"、遵循"道"的价值观和发展规律的少数"圣人"来引领整个文明和社会。《老子》所谓"圣人"，其实本质上也是有情有欲的平凡之人，因此《老子》从"道"的价值观和辩证思想出发，并不要求和倡导"圣人"必须在世俗道德的角度做到完美无瑕，完全无私无欲，因为这种要求本身就是主观唯心的、背离了人性的客观实际的、背"道"而驰的。《老子》承认人的世俗名利之欲是客观存在的，因此"圣人"同样可以追求之。但以《老子》倡导的"遵道贵德"的方法，自然而然获得满足的利与欲才是可以长久的。无私而能成其私。而使用违背了"道"的价值观和发展规律的手段和方式，虽然也能成其私，但最终必然会与"道"的积极发展潮流渐行渐远而终被历史所淘汰，落得"不道早已"的结果。

第七章

第八章

上善若水。水，善。利万物而不争，处众人之所恶，故几于道。

居善地，心善渊，与善仁，言善信，政善治，事善能，动善时。

夫唯不争，故无尤。

本章可以说是《老子》通篇最重要的章节之一，重点在于《老子》对一个"善"字的论述。《说文》曰："善者，吉也"，泛指一切积极正面的观点和事物。而句首第一句"上善若水"就非常值得我们分析。"善"这个概念古已有之，始终被人类文明当作共同的道德评价标准。而在《老子》的思想中，善这个概念却不同于世俗的"常道"。在古代汉字中，善字从羊从言，会意人如同羊这种温顺和平的动物一般说话、处事。羊是一种生性温顺的食草动物，虽然长有可以用来攻击的尖利的犄角，但却很少使用，即便在遇到不得已而需要战斗的时候也不会像其他动物一样富有攻击性和杀伤性。然而在人类社会的发展实践中，一个善字却往往被用于伪

装种种虚伪和丑恶。于是《老子》提出了"上善"这个概念，用以区别世俗中的丑恶伪善。以"上善"作为标准，就如同被人类文明不断强调的"真善美"这一标准将"真"这个概念放在第一位一样，善与美都是人的主观认识，不同的人有不同的角度和立场来定义自己认为的善与美的标准。《老子》倡导的"善"是一种中性中和的、真诚客观的"上善""真善"，而非寻常世俗的带有目的和功利心的善，甚至伪善。由此，《老子》倡导的这个所谓"上善"就超越了世俗标准中狭隘的"善良"，从而进入了"道"之善，即所谓"上善若水"。这句话不但定义了道家思想中水的性质，同时也由水的特点反向诠释了《老子》之"善"的内涵和"道"的中和、客观的价值观。

　　水是自然界一种寻常事物，《老子》谓之"利万物而不争……故几于道"。如此水就有了这样几个性质：一者有利于万物、滋养万物；二者不争，不带有主观的意志和目的性；三者往往被世俗观念所忽视或轻视；四者与"道"在世人眼中的看法相类似。明确了上述四点特征，我们再回过头来看"上善"这个标准。人要做到"上善"，而非寻常世俗之善，就要让自己有利于他人、有利于社会，如水利于万物生长一样，利于文明的发展和进步，哪怕这样的价值观在实践过程中会被误解和轻视也绝不动摇。那么如何实践呢？《老子》给出了其思想中同样至关重要的价值观之一——不争。如同水的性质，水是顺应道的自然规律的、不带有主观目的性和功利性的，那么上善之人也自然应当像水的特点一样，在社会实践中行善、言善仅仅是一种自然的、发自内心的、顺应"道"的发展规律和价值观的行为，而不应抱有任何功利之心，不带有任何主观的功利性和目的性。如此行为，便是《老子》倡导的"不争"，人就能达到"上善"的境界，就能顺"道"有"德"，而终达"天人合一"的最高境界。

本章的第二句，老子提出了几条符合"上善"标准的要求："居善地，心善渊，与善仁……"所谓"善地""善渊""善仁"，也同样是以"上善"作为标准，因此如果我们不能完整准确地理解《老子》所谓的"上善"，就会落入"玄学"的怪圈。以"居善地"为例，从《老子》的角度来看，所谓"善地"和与之对应的"不善之地"，都要以"道"的发展潮流为唯一标准，而不是以人的主观看法和感情来决定的。举例来说，历史上第二次世界大战期间的纳粹德国在其国内大搞法西斯主义，残酷地迫害和屠杀犹太人和其他非雅利安人的人种，那么毫无疑问法西斯主义就是违背人类社会和文明发展进步的潮流，同样也是违背了"道"的发展潮流和价值观，因此纳粹统治下的德国就是"不善之地"，而最终德国法西斯因其与"道"、与人类文明的价值观和发展方向背道而驰，其必然的结局就是被扔进了历史的垃圾堆。二战结束之后，现代的德国社会不断高速和平发展，积极反思法西斯曾经犯下的罪行，为整个人类社会和文明的发展与进步做出了自己的贡献，于是今天的德国就可称为"善地"。德国始终是那个德国，土地也始终是那片土地，而善与不善的区别就在于生活和居住在那片土地上的人们是否遵循、顺应了"道"的价值观和历史的客观发展规律。

值得注意的是，有很多人往往在对道家思想大致有了一个粗略的了解之后，不能继续进行深入的学习、探索和实践，而是被一知半解的片面认识引入了唯心主义的"玄学"的歧途。在例如"居善地"和"动善时"这两个问题上，就很容易走入封建迷信的误区，对事物不是以"道"的价值观和发展规律来看待与衡量，而是诉诸一些江湖术士的算命与风水之说来求得心理安慰。如此荒谬，何以言"道"？这种带有明显主观目的性的诉求，又如何做到"无为"与"不争"？

第九章

持而盈之，不如其已；揣①（通"锤"）
而锐之，不可长保。

金玉满堂，莫之能守；富贵而骄，自遗
其咎。

功遂身退，天之道也。

---

① 揣：同"锤"。揣而锐之，意为通过捶打锻炼使其锋锐。

在我们日常生活中，整个人类社会的主流价值观
都是奋斗与竞争，终其一生而无止境。人们想方设法追
求金钱、名誉、地位。那么在《老子》看来，人类的这
种追求是不是一种"不道"的行为呢？答案是否定的。
我们应当认识到，"道"的价值观和运动规律在于推动
一切历史和事物不断前进与发展，人类文明当然也在此
列。而人类社会特有的对名利等世俗利益的追求也是促
进和带动文明发展进步的重要手段和条件，因此也同样
是"道"这一根本规律的重要组成部分。

然而"道"既是规律，同时也是法则，有法即有"度"，所谓"物壮则老，是谓不道"。在《老子》看来，人类社会所追求的名利以及其所带来的"成功"也都有一个"度"，在这个尺度的范畴之内即是"有道"，超越了这个尺度，则是"不道"。而名利也好，成功也罢，都应当是人在"无为"与"不争"这两个"道"的核心价值观作用下的社会实践产生的自然结果。反之，当人违背了这两个核心价值观、违背了历史和事物的客观发展规律，开始为所欲为、不择手段地争名逐利，那么将被"道"所抛弃，结果必然是"不可长保、莫之能守"，最终便是"自遗其咎"。

《老子》虽然倡导"身退"，但却并非对"成功"持有消极退缩的态度，而是倡导先达到"功遂"这个前提，而后"身退"。在"道"的价值观和发展规律的范畴之内，可以适度追求"持"和"揣"，但不可过度"盈之""锐之"，可以追求"金玉"但不可追求"满堂"，可以追求"富贵"而不可骄奢淫逸。如上文所说，成功的人必须意识到，自己的一切"成功"都是因其所作所为或主动或被动地顺应了"道"的发展规律和价值观，被历史的发展大势推到了这个位置，而不是因为成功之人本身如何高明与强大，可以孤立于历史和社会之外。明白了这个道理，那么必然可以"功遂"，同样是因为这个道理，"有道之人"必然继续以"道"的价值观来要求自己，主动以谦虚谨慎的态度选择"身退"于"道"

之后，继续追随"道"的发展规律，保持与时偕行、与"道"的发展规律偕行，正如后文所言"不敢为，天下先"。这种人生实践就可以称之为"知行合一"，最终即可达"天人合一"的最高境界。正如《老子》总结的："夫唯弗居，是以不去。"

第十章

载^①营魄抱一^②，能无离^③乎？

专^④气^⑤致柔，能如婴儿^⑥乎？

涤除玄鉴^⑦，能无疵^⑧乎？

爱民治国，能无为乎？

天门^⑨开阖，能为雌^⑩乎？

明白四达，能无知^⑪乎？

---

① 载：满也，意为充满、充斥，例：怨声载道。

② 抱一：抱，面向、面对；一，即"道"的代称。"抱一"即朝着"道"的发展方向，与"道"偕进。

③ 离：分裂、割裂，与"合"相对。

④ 专：刻意、片面、唯心主义的思想教条。非"集中"之意，或"抟"的通假。

⑤ 气：精神气质。需要强调一点，"气"是中国古典哲学中非常重要的一个概念，但这种概念是纯粹的形而上的，背离了贯穿《老子》全文的朴素唯物主义思想。后世多认为"气"这种概念是（笼统的）道家哲学概念，但纵观全文，《老子》无疑是不认同这种概念的。

⑥ 婴儿：《老子》以婴儿初生时的质朴、纯真的状态譬喻"道"的价值观。

⑦ 玄鉴："玄"即"道"的代称；"鉴"即古代的铜镜。"玄鉴"即以"道"为镜，来检点和端正自身的言行。

⑧ 疵：瑕疵。意为自身存在的问题或缺点。

⑨ 天门：前辈学者多训为"人的口鼻等五官"，这种说法不够准确。联系全文主旨应当引申为不符合"道"的价值观的"头脑的思想活动"或"智慧"。

⑩ 为雌："雌"即"玄牝"的代称，即"道"的积极发展规律和价值观。"为雌"即正确地认识和运用"道"来指导自身的行为实践。

⑪ 无知："知"同"智"。"无知"即遵行"道"的价值观、绝巧弃智。

　　《老子》倡导人类文明和社会应当遵循"道"的发展规律和价值观。然而《老子》也从客观的、唯物的角度认识到其中的困难——人们可能无法完整、全面地理解其哲学思想而陷入唯心主义的怪圈或歧途。正是如此，《老子》成文之后的东汉末年，《老子》思想的副产品——道教——以客观唯心主义的方式出现了。从历史唯物主义的角度来看，道教以及任何宗教的出现都是人类文明发展过程中的必然现象。《老子》虽然没有预见道教的出现，更没有想过被道教奉为三清主神之一，但已经隐约向人们强调了要避免走入唯心主义应当注意的问题。本章就是其中一部分体现。

　　"灵魂"这种抽象的观念，不仅仅在中华文明的发展过程中出现过，在世界其他不同文明的发展过程中也同样出现过。可以说这个概念的出现本身是合乎历史唯物主义观念的，是文明在较为初级阶段的发展过程中必然出现的客观现象。但很显然，在《老子》全文中我们看不到关于"灵魂"这个概念的过多讨论。遍阅《老子》，我们可以说虽然老子并没有直接否定"灵魂"的存在，但至少这个问题在其眼中是世俗的、违背于其朴素的客观唯物主义观念的，因此是不值得讨论的、没有意义的。但"道"却是无远弗届而包罗万象的，"大道氾兮"，因此在具体讨论人与"道"的关系时，就难免要涉及"灵魂"这个概念。

因此《老子》在本章首句提出了有力的诘问："载营魄抱一，能无离乎？"如果一个人的思想精神充斥着以"灵魂"为代表的主观的、唯心主义的观念，身体力行也必然"随心而动"，那么这个人与以"抱一""道，冲，而用之或不盈""致虚极、守静笃"等观念为代表的"道"的价值观又如何能协调统一呢？一个人如果同时接受如此矛盾的两种思想，那么又如何能达到知行合一、"天人合一"的客观唯物主义的理想境界呢？

《老子》倡导人，尤其是"圣人"应当像初生的婴儿一样质朴、淳纯，倡导柔胜刚、弱胜强。但这种淳朴与柔弱的概念必须以"道"的辩证唯物主义的眼光来看待和运用。所以《老子》反问，试图刻意以某些教条、片面、主观唯心的方法使自己的精神气质达到"柔"的境界，这真是正确的吗？《说文》曰："柔，木曲直也。"所谓"柔韧"者，柔与韧两者顺应"道"的自然规律相结合并协调，树木才能立而不倒。片面教条地理解和追求"柔",只能是一摊烂泥而已。人之柔莫过于婴儿，然而婴儿虽"柔"，但在感到饥饿之时也会本能地发出响亮强烈的哭声来提醒父母，这种本能反应正是"道"的客观自然规律的一种体现。否则一味从主观的角度追求片面的"柔"，婴儿只能饿死，何谈长大成人？

"玄"这个字，在我们的现代语境中往往意指那些无法用科学观念、科学理论和科学实践来解释的特殊现象。但这个字在《老子》思想中却是对"道"的一个特指或代称，"无……有……此两者同出而异名。同，谓之玄。玄之又玄，众妙之门"；"谷、神、不死，是谓玄牝。玄牝之门，是谓天地根"；以及《五十一章》的"玄德"之论，皆是此意。本章第三句的"玄鉴"，即"以道为镜"的意思。历史上诸多学者注"鉴"通"览"，意为"以道的角度来看待"。这两种意思都合《老子》原文主旨。

前文我们讨论过，"道"的发展规律和价值观往往是与世俗价值观以及普通大众的一般性主观想法相悖的，是不以任何人的意志为转移的。同时"道"又表现出"氾兮，其可左右"的特质，任何人任何事物都无法脱离"道"而存在。因此"圣人"当以"道"为镜，以"道"的发展规律和价值观来要求和检点自己的思想与行为。但《老子》所谓的"圣人"却不是我们一般观念中的"完人"，而是在生活实践中也会犯错误，在道德品质上也会有瑕疵的人。而对于"我自然"状态下的"百姓"来说，以"道"的价值观来要求自身，则更是困难重重，正如《老子》所说"民好径"。于是不免有人要问：既然如此我无视"道"的客观规律的存在，不遵循"道"的价值观，那不就可以免除诸多因"不道"而引起的烦恼和问题了吗？这类疑问其实正是人的主观唯心的思想观念，但"道"是客观存在的，无论人们相信与否，"道"都在自然而然地运动着、作用着。正如我们通常认知的"时间（时间的真实存在与否在哲学上依然属于一个悬而未决的问题，这里我们仅指一般意义上的时间，用以比喻'道'，而不作更深层次的讨论）"一样，永远在客观角度上滴答流逝而不为人的主观意愿所改变。

"爱民治国"之句，其实就是对《第五章》"天地不仁……圣人不仁"以及《第二章》"圣人之治"的延续。儒家思想倡导"仁者爱人"，墨家思想倡导"仁者兼爱"，这些"仁"与"爱"的思想价值观在本质上都是主观的、唯心的、与"道"的价值观相悖的，因此以这种观点立场为出发点来治国行政也必然是有悖于"道"的客观发展规律的。故而《老子》以反问的方式再次强调"无为"的重要性。"圣人"只要做到"无为"，认识并顺应"道"的客观历史发展趋势，即可使"民自化"而"无不治"。《老子》的这种思想，其实就是朴素的历史唯物主义思想和观点。

本章最后二句所讨论的即《八十一章》所讨论的问

题。"雌"即"玄牝"的别称，"为雌"即"为道"——按照"道"的客观发展规律和价值观来指导自身的行为实践；"无知"，即以"道"而不以"智"为之——"使夫智者不敢为也"。正如《八十一章》所言："信言不美，美言不信；善者不辩，辩者不善；知者不博，博者不知。""天门开阖"喻指滥用智慧而口出"美言"和"诡辩"。"道"是质朴的，是可"信"的，因此不需要用夸张和华丽的辞藻来修饰和赞美；且"道"是客观存在的，但同时又不是人人都可以认知和遵循的，"下士闻道大笑之，不笑不足以为道"，所以遵信"道"的人只要检点和约束自己即可，而不需要以言辞雄辩去强迫他人认同自己的观点，更不可滥用智慧并伪装成"道"的理论来肆意妄为。人类文明和社会是多样的、广泛的和复杂的，人们的思想创造出的学问和观点也是如此。但尊道有德之人却不可过分追求"博学"而影响到自己对"道"的坚定信念。"道"是微妙玄通、博大精深的，而人却是渺小的、精力有限的，因此人如果过分片面追求学识见闻的广博，大量吸收主观唯心的思想，那么必然受其影响而无法专心致志地探究"道"的客观真理。

第十一章

三十辐共一毂，当①其无，有车之用。

埏埴②以为器，当其无，有器之用。

凿户牖以为室，当其无，有室之用。

故"有"之以为利，"无"之以为用。

---

① 当：读作 dàng，意为"适当""恰当"。

② 埏埴：读作 shān zhí。"埏，以水和（huò）土。埴，黏土也"——《说文》。"故陶人埏埴而为器"——《荀子·性恶》。

纵观中国古典哲学的萌芽与发展，我们可以说《周易》哲学思想的核心——阴阳辩证关系——为我们这个古老的民族和文明奠定了最初的哲学基础。《老子》在阴阳辩证的基础上进行了吸收与优化，使之进一步完善成为"道"这个大的哲学框架之下的两大支柱——有无辩证。《老子》认为，世间万物，大到整个宇宙，小到我们生活中的日常用具，无不彰显着"道"的存在。我们生活中的盅、车轮、器皿、房屋等寻常事物，都可以看作是具体、具象的"有"。但仅仅从单纯片面的"有"

着手是不足以真正客观全面地认识这些事物的，因此就必须引入"无"的概念。

《老子》开篇曰："常无，欲以观其妙；常有，欲以观其徼"；《周易》曰："形而上者谓之道，形而下者谓之器"。《周易》的"形"即《老子》所说的"徼"。任何"器"，我们都很容易通过观察其具体的"有"达到"观其徼"的结果，但还要结合"形而上"的、"无"的观察角度来思考，就可以"观其妙"。运用这种"有无辩证"的方法，才能客观全面地观察和认知事物（器）的本质，也就能得出"道"的运动规律和价值观。

通过上述方法认识"道"的运动规律和价值观后，我们还要正确地运用它，来指导自身的发展进步，以得"天人合一"的最高境界。《老子》说"有之以为利，无之以为用"，如果认识"道"却不能善加运用，就会落入"中士闻道，若存若亡"的尴尬境地，"故有道者不处"。那么如何善加运用呢？这里就要注意本章最容易被我们忽略的一个字——"当"。在我们阅读本章时，"当"这个字往往被理解为处在某个地方或某个时候，例"当场""当下"。一些前辈学者在今译本章时会理解为"三十条轮辐汇集成在轮毂中，当有了轮辐中空的部分，才能有车轮的作用"，然而如果轮辐不是平均分布，而是二十九条集中靠近在一起，远离另外一条，那么这个车轮还能正常载重行驶吗？又如"开凿门窗建造房屋，当有了门窗中空的地方，这个建筑才有房屋的作用"，那么如果门窗都开在房顶上或其他不合理的位置，这个建筑还能有正常房屋的作用吗？正因如此，《老子》才在本章所举的三个例子当中三次强调了"当其无"。通过有无辩证的方法可以帮我们认识"道"（即"其无"），但我们要想将理论与实践结合起来"以为用"，就必须以恰当、适当的方式加以运用。因此可以说，《老子》在本章向我们说明了有无辩证的思想理论，但本章的"文眼"其实是这个"当"字，应作"适当、恰当"来理解，如此方合《老子》本义。"有""无"两个辩证方面以"当"的方式互相协调与结合，方使"芸芸之物"有其用。此三者之间的关系向我们展示了《老子》虽未言明但却不言自明的一个中国古典哲学的理念——和谐。

第十二章

　　五色令人目盲①，五音令人耳聋，五味令人口爽，驰骋畋猎②令人心发狂，难得之货令人行妨③。

　　是以圣人为腹不为目④。故去彼取此。

---

① 目盲：有眼无珠，引申为无法透过事物的表象看到本质。"盲，目无眸子"——《说文》。

② 驰骋畋猎：形容肆无忌惮地追求感官刺激的行为。"畋，取禽兽也"——《广雅》。畋猎是原始社会生产生活的一部分，中原文明进入农耕时代后，畋猎就已不再是社会生产的必要方式，而基本变成一种娱乐活动。

③ 行妨：做出危害他人的行为。"妨，害也"——《说文》。

④ 为腹不为目：只追求吃饱穿暖这些生活中最基本的物质需要，而不在温饱之外过分追求更多的感官刺激。

　　从古及今，对物质与精神两个方面的追求始终是推动人类文明和社会发展进步的最重要的原动力。当人类社会的生产力不断发展，物质越来越丰富时，人类对物质刺激的需求也在不断地扩大，并且永无止境。一切事

物都有其正反两面性，人类社会的需求不断被物质丰富和填充时，也给社会带来了很多消极负面的东西。

　　《老子》指出，物质文明的本质是"为腹不为目"，其实是为了满足人的基本生存需求，因此"圣人"应当理性地对待物质带来的利益和诱惑，通过合乎"道"的价值观的方法和手段来满足自身对物质的欲望。显然，《老子》并不倡导禁欲主义。《老子》还说"百姓皆谓我自然"，百姓的生存状态和价值观自有其历史和文化传统的原因，这是符合"道"的客观发展规律的。因此"圣人"应当尊重这种实际情况，在自身保持"道"的修养的同时，按照"道"的客观发展规律来引领社会和百姓，而不可从主观唯心的角度出发，对百姓正常的物质生活横加干涉。

第十三章

宠^①辱^②若惊^③，贵大患若身。

何谓宠辱若惊？宠为下，得之若惊，失之若惊，是谓宠辱若惊。

何谓贵大患若身？吾所以有大患者，为吾有身；及吾无身，吾有何患？

故贵以身为天下，若可寄天下；爱以身为天下，若可托天下。

---

① 宠：《说文》：尊居也。即受到尊崇、宠幸。
② 辱：《说文》：耻也，从寸，在辰下，失耕时于封疆之上戮之也。辰者，农之时也，故房星为辰，田候也。
③ 惊：《说文》：马骇也。因此，本文中的"惊"意思是惊吓、惊骇，而非惊喜。

在我们一般观念中，"宠辱不惊"是一种广受推崇的、积极正面的性格特点，用以形容一个人性格豁达，思想情绪不为一切个人的利益得失而动，被认为是道家思想中"修身"的重要内容。然而在《老子》看来却非

如此，《老子》认为人不但不应当追求所谓的宠辱不惊，反而恰恰要做到"宠辱若惊"。

《说文》曰："宠，尊居也。""辱"字古义源于中国古代农业社会的立国根本（时至今日，粮食安全依然是我国的国家战略安全的重要部分），每到春耕时节，无论是封建地主还是自耕农都要按时投入农业生产当中，以利秋天收获粮食，维系整个王朝的统治和社会的稳定，如果错过农时耽误了正常的生产而影响到收获的成果，就将在其封地之上受到"戮刑"。"戮"与"杀"大致意思相同，但又比"杀"多了一层对受刑者进行人格羞辱的含义。古代分为"生戮"与"死戮"，即在众人面前公开处刑或行刑后曝尸示众，受此刑者在古代社会被视为奇耻大辱，故而"耻""辱"可连用成词。因此，"辱"这种既剥夺生命又羞辱人格的惩罚手段自然会使人惊吓、惊骇，但《老子》为何认为"尊居之宠"这种与"辱"截然相反的情况也值得人们以同样的态度对待呢？

不同于一般认识，《老子》特意强调了"宠为下"，认为"宠"非但与"辱"相反，甚而更在"辱"之下，更加值得人们警惕，其带来的最终后果往往更加凶险可怕，更加使人惊骇。得宠自然可以使人在财富、地位、权力、名望等方面获得极大的提高和满足，但这些所得也会极大地蛊惑和迷乱人的心智，使人失去理智、失去对自身和事物的客观判断能力，最终背离了

"道"的客观积极发展趋势和价值观，从"宠"的波峰跌落至失宠的波谷而最终落得"辱"的下场——"不知常，妄作，凶"。因此《老子》强调，人们对待"宠"应当"得之若惊，失之若惊"，对于自身得宠或失宠，应当以"道"的价值观加以看待和应对，常怀警惕之心，而不可骄妄轻狂。正如《周易》所言："君子终日乾乾，夕惕若厉"，又如《尚书·周官》曰："居宠思危"。

我们说《老子》是一部写给"圣人"的书。教导人认识并学会运用"道"的（朴素的）唯物主义思想以成"圣人"，再由"圣人"引领文明和社会沿着"道"的积极发展规律获得发展与前进。因此《老子》思想并不是一种出世的、超然物外的、不食人间烟火的思想。正如本章所说，《老子》倡导"圣人"要与社会开展积极的互动，通过对"道"的实践来"为天下"、将自身"寄（托）天下"。具体地说，就是以"贵身""爱身"的思想态度，以"道"的价值观看待和认识自身，然后向"天下"推而广之。

如何做到"贵身"与"爱身"？本章首句就是标准答案，"宠辱若惊"即其一也，其二为"贵大患若身"。

第十四章

视之不见，名曰"夷"；听之不闻，名曰"希"；搏之不得，名曰"微"。此三者不可致诘，故混而为"一"。其上不皦，其下不昧，绳绳兮不可名，复归于"无物"。是谓"无状"之状、"无物"之象，是谓"恍惚"。迎之不见其首，随之不见其后。

执古之道，以御今之"有"，能知古始，是谓"道纪"。

"道"本身是一个看不见、听不到、摸不着的抽象哲学概念，因此需要我们以"无"这个同样抽象的哲学角度去看待和认识。但是人们却不能偏执地、片面地去研究和追求形而上学的恍惚之"道"，而是需要与当下的、目前的、实体的、实际的事物相结合，理论与实际相结合，综合、客观、全面地看待和认识"道"，如此才能避免落入不切实际的"玄学"陷阱。

而"道"这个哲学概念既是"本体论"又是"方法论"。推古及今，通过客观、完整的学习和总结"道"

的规律，并分析"道"的规律在历史上的作用方式，就可以将"道"的本体论与方法论相结合，理论与实际相结合，以指导和规范今天的发展方向。做到"与时偕行"，才是学习和研究"道"的根本意义。

历史的发展过程是持续而复杂的。复杂，是历史发展的纵向坐标；持续，是历史发展的横向坐标。而我们这些观察历史的人类，受制于客观上的局限，所能观察到的历史仅仅只是整个历史画卷中的一个小小的局部，"不识庐山真面目，只缘身在此山中"。因此站在人的角度观察历史，就如同《老子》所说："视之不见、听之不闻、搏之不得。迎之不见其首，随之不见其后。"然而历史本身却是客观存在的，不以任何人的意志为转移的，是按照"道"的规律持续发展前进的。尽管对于站在观察者角度的人类来说是"恍惚"的，但通过对历史的学习、研究、探索和思考，我们依然可以寻找出历史发展的主要脉络和宏观的未来发展趋势，也就可以尽可能地接近"道"的发展规律。

本章另一个值得我们特别注意的地方，就是最后一句的"古之道"与"今之有"的关系。历史，无论是自然界的历史还是我们人类的文明史，囿于我们人类的寿命、学识、眼界和掌握的技术，我们只能窥见历史全豹之一斑，而无法站在历史之外从一个完全客观的角度去观察和认识。"子在川上曰，逝者如斯夫"，完整客观的历史细节随着时间的流逝已经湮没，《老子》谓之"复归于无物"，是谓"恍惚"。然而值得庆幸的是我们生活在历史当中，"迎之不见其首，随之不见其后"，我们与时偕进不断创造着历史，同时历史也总是会留下蛛丝马迹，供我们在"恍惚"之中追寻和探求历史的客观真相。因此历史虽已成"无物"，但仍然留存着"无状之状""无物之象"，"无"即"道"的客观发展规律，客观唯物的"道"推动着历史的发展前进，因此我们后人探求历史，也同样要以"道"表现出的客观唯物主义的思想作为基本立场，《老子》流露出的这种观点可以说就是我们今天所说的"历史唯物主义"思想。从这种立场出发，我们回溯并研究历史得出的经验与结论才能符合"道"的唯物主义的性质，才能称得上"古之道"。学习和研究历史最重要的意义就在于以史为鉴、以"道"为鉴，总结历史发展的客观规律，为我们当下及今后的发展进步指明方向——"以御今之有"。"能知古始，是谓道纪"，同样的道理，只有尊重并遵守"道纪"，我们才能真正地"知古始"，而使我们的历史观不至于落入各种主观唯心主义思维方式构成的陷阱。

《老子》在后文中说："大道甚夷，而民好径"，就是在强调人类社会不可以因为"道"的"不可致诘"的特点就放弃对历史的探索和研究。采取消极被动的态度等待"道"自行显露出一条明确的路径，就违背了"道"的客观存在规律，只能让人类文明自身的发展出现停滞，乃至于走上歧途。

第十五章

古之"善"为道者①，微妙玄通②，深不可识。夫唯不可识，故强为之容：

豫兮，若冬涉川；犹兮，若畏四邻；俨兮，其若客；涣兮，其若凌释；敦兮，其若朴；旷兮，其若谷；混兮，其若浊；澹兮，其若海；飂兮，若无止。

孰能浊以静③之徐清？孰能安④以动之徐生？

保此道者，不欲盈⑤。夫唯不盈，故能蔽⑥而新成。

---

① 善为道者：善，即"上善若水"章论述的"道"的价值观。非"擅长"或"善良"。"善为道者"即实践以"善"为代表的"道"的价值观的"圣人"。

② 微妙玄通：此句四字亦可独立阐释，更能体现《老子》原意。"视之不见"曰"微"；"玄之又玄"曰"妙"；"有无相生"曰"玄"；"惟道是从"曰"通"。

③ 静：同"净"。与"浊"相对立。"静"与"净"是《老子》所倡导的"道"的某种抽象的哲学概念。

④ 安：意指停滞的状态。与"动"所代表的"道"的发展常态相对立。

⑤ 不欲盈：欲望不会超过合理的界限。《老子》文中大量存在这种倒装句式，"不欲盈"按照现代汉语的方式可作"欲不盈"。

⑥ 蔽: 同"敝"。"敝旧"之意。"道"的客观规律是不断发展前进的，落后于"道"则"敝旧"，就会被历史大势所淘汰。

《老子》倡导"无为""不争"的价值观和人生态度，但人处在社会之中，必然要与社会发生互动，因此不能教条主义地追求片面的"致虚""守静"。《老子》认为那些行"道"之人就要从"动"与"静"两方面入手来提升自己的修养。在"静"的一方面，《老子》给出了"豫""犹""俨""敦""旷"这样几个关键词。"敦""旷"对应了"道"的根本价值观——"若朴""若谷"。而"豫""犹""俨"则是倡导一种诚恳慎重、常怀警惕自省之心的态度。在"动"的一方面，《老子》则以"涣""混""澹""飂"这几个关键词来说明行道之人参与社会的具体方法和态度。如同"道"的运动法则和方式一样，人类社会也是在不断运动和前进的，因此行道之人也要随之不断运动和前进，《周易》谓之"与时偕行"，《老子》谓之"澹"与"飂"，如此才能不被社会和时代所淘汰，不被"道"的规律所淘汰。而当个体在与社会进行互动的时候，行道之人也难免遇到问题和矛盾，因此《老子》提出了以"混兮若浊"的方法积极主动融入社会活动中，以"涣兮若凌释"的态度来化解具体的问题和矛盾。以"静"为本，以"动"为用，坚持"道"的价值观，运用"道"的思想和方法，从辩证的角度全面系统地看待个体与社会整体的关系，积极入世，参与社会的运行和发展，才是行"道"之人正确的行为方式。《周易》云："君子终日乾乾，夕惕若厉。"因此我们可以说，《老子》思想并非一种出世的、倡导以消极态度来看待和参与社会活动的思想。

人类社会活动是广泛而复杂的，《老子》谓之"浊"。而在以"静（净）"为代表的"道"的价值观的作用下，人类社会自然将得到沉淀，从而变得更加完善和文明。相对于宏观中自然界的其他事物在进化过程中表现出的某种"停滞"——《老子》谓之"安"。只有人类在漫长的进化过程中建立了文明，始终在不断发展和进步，这便是《老子》所谓的"动之徐生"，这也是"道"的规律和法则，因此人类文明可以脱离动物所属的"地"的范畴，独立发展成为"域中四大"之一。今天人类社会整体的发展和进步是由"道"的规律和法则被动推动的，但又离不开古往今来无数先进的个体的引领。因此要想成为引领人类文明的先进个体，就要做到本章强调的这些方法和态度，始终使自身与"道"的规则和趋势相协调而不自满停滞；同时以"道"的价值观来节制和规范自身的欲望，使之始终处在一个合理的范畴之内，即"不欲盈"，也即"知止"。如此即可顺应历史的客观发展趋势而使自身持续获得进步，《老子》一言以蔽之——"不盈，故能蔽而新成"。

第十六章

致虚，极^①；守静，笃^②。

万物并作^③，吾以观复^④。

夫物芸芸，各归其根。归根曰静，静曰复
命。复命曰常，知常曰明。

不知常，妄作，凶！

知常，容^⑤。容乃^⑥公，公乃全，全乃天^⑦，
天乃道，道乃久，没身不殆^⑧。

---

① 极：《说文》：栋也。引申为根本性的标准、准则。

② 笃：《说文》：马行顿迟。引申为坚定、脚踏实地。

③ 作：生长，发展。

④ 观复："道"的宏观上的循环之势；对历史的宏观发展脉络的
回望。

⑤ 容：容纳，包容。"容，盛（chéng）也"——《说文》。

⑥ 乃：与古文"及"字形近似。《广雅》：及，至也。意为"由……
达到……"，表示递进。

⑦ 天：形容对"道"的认识和实践达到"登峰造极"的水平。《说
文》："天，颠也。至高无上。"

⑧ 没身不殆：终身不会被危险所害。没身，即终身。"殆，危
也"——《说文》。

　　《老子》认为，人与天地万物虽然同生于"道"，但人类社会在发展过程中却逐渐偏离了"道"，被人类所特有的"智慧"蒙蔽。因此人要探求"道"，就必须以"致虚""守静"的态度和方式为坚定的准则。以这种精神态度对天地万物进行观察和思考，才能悟"道"。《老子》的这段论述与《周易·系辞·上》"天垂象……圣人则之"的观点异曲同工。

　　为何需要"致虚""守静"，又如何做到呢？《老子》以唯物主义的角度分析推导：万物虽然缤纷繁复，但皆有根本，发展的过程是一种"循环"的方式，最终必然回归其根本、本质。通过这个思考和认识的过程，人们即可认识事物发展的本质规律，《老子》称之为"常"，即"道"。然而《老子》在开篇就说"道可道，非常道"，那么本章之"常"又如何是"道"呢？这就是一个"常之道"与"道之常"的问题。开篇的"非常道"意在说明《老子》之"道"不同于世俗的寻常之道；而《老子》之"道"虽不寻常，但却在宏观尺度上以一种"常态化"的方式存在并作用于天地万物，这便是本章之"常"，也就是"道之常"。

　　上文这一推导过程中出现的几个关键词："静""复命""常""明"，就进入了《老子》哲学的宇宙观，以及贯穿整个《老子》哲学的有无辩证思想。《老子》认为，宇宙万物的形成是一个"无中生有"的从无到有的过程，"静"是对"无"这个抽象概念的一种形容。

而"复命"是从一切具象的"有"推导回抽象的"无"这样一个认识过程。通过这种逆向的推导和认识，即可总结和认识"道"的常态化发展规律，即"常"。知"常"曰"明"，这里的"明"有两层含义：一是通过知常来明白"道"的规律；二是落在"明"这个字本身。

祖先造字，日月合而作"明"。在《周易》哲学中，日月即对应了阴阳辩证的概念，核心思想部分源自《周易》的《老子》，进一步将这种辩证关系转化为有无辩证。而无论是《周易》还是《老子》，在论述这种对立辩证的同时又着眼于更高一层的对立关系——"对立"与"统一"本身即构成一种更大更广泛的对立关系。因此，古人将互为对立关系的日月合并写为"明"。"知常曰明"，还要知"明"所代表的这种对立与统一相互结合的关系才能算是真正的"知常"。"不知常"即不能真正全面、通盘、客观地看待事物的本质和其发展规律，就会陷入对"道"的规律的片面的错误理解，以这种片面的错误的规律指导自己的思想和行动，就是"妄作"，结果必然是"凶"——事物的发展方向和态势背离了正道，必然将走向停滞甚至衰亡。

接下来我们需要注意本章最后一句的几个关键字：容、公、全、天、道、久。如原文所说，只有搞明白这几个字所代表的真正含义，才能"知常"，因此我们就有必要逐字分析一下。所谓"容"，乃是形容"道"和道家哲学思想的包容和开放。前文探讨过，"道"既是

第十六章

本体论又是认识论，是客观唯物主义性质的一种推动万物发展的根本规律。因此宇宙万物和人类社会文明都是"道"的作用下的产物，"道"可以包含、容纳一切人类的精神思想和包括人类社会发展在内的更广泛的物质运动，是一种广义上的"存在即合理"。

第二个关键字"公"就显得很有意思了。这个字本身不难理解，公道、公心、公平，都是我们日常会说到用到的。然而这些日常所用都是一种认识论，那么从本体论上来说又如何真正地理解这个"公"字的真意呢，我们试着讨论一下。《说文》曰："公者，平分也。从八从厶（"私"的古字）。"八犹"背"也，韩非子曰："背厶为公。"这里的"平分"并非我们寻常理解的平均分配那样简单和狭隘。《说文》曰："平，语平舒也；分，别也。"所谓"语平舒"即语气和缓中和、不带有个人主观情绪。而韩非子又为"公"字赋予了另外一层含义：将私利私欲置于背后，而面向者即"公"。因此"公"即排除个体的私利私欲，以中性平和的、不带有主观感情色彩的眼光来区别、分辨事物的性质。这也正是"道"表现出的"生而不有、为而不恃；善，贷且成；弗居、无为、不争"的性质和价值观。

再来看一个"全"字。《说文》曰"全者，完也"，意为"完整""全面""普遍"。从本体论的角度来说，"道"是根本规律，作用于宇宙万物。《老子》云"大道泛兮"，又云"天网恢恢，疏而不失"，是指"道"

的根本规律覆盖和包容一切，具有普遍的、普世的性质。一切的人和事物都是"道"的产物，没有任何人或事物可以超越"道"的规律和法则。而从认识论的角度来讲，则是强调人们需要以完整、全面、客观的眼光来看待和认知"道"的规律和法则，而不能以偏概全，以自己的主观需求为目的，来狭隘片面地解读和应用。从方法论的角度来说，即要求我们在精神思想和实践行动两个方面都要顺应"道"的发展潮流，而非脱离实际、仅仅追求精神上的所谓"修行"。用我们今天的话说即是"理论与实践相结合"。以上这三个方面有机统一起来，即可称之为"全"。

接下来是一个"天"字，这个字需要放在"天乃道"中解读。《说文》曰："天者，颠也，至高无上。"无疑，"道"作为宇宙万物发展前进的根本规律和法则，以"至高无上"来形容其地位可以说是恰如其分的。讨论"天"的概念，我们还可以引用《诗经》中的名句："普天之下莫非王土。"这句话除了我们寻常理解的本意之外，还可以帮助我们引申出"天乃道"的深意。《说文》："王，天下归往也。董仲舒曰：古之造字者，三画而连其中，谓之王。三者，天地人也，参通万物之者，王也。"自先秦时代起，中国古人就建立了朴素的自然哲学观点——天、地、人，三才之象。同时，人与自然万物相结合的"天人合一"思想也开始出现，于是古人造字以一竖画贯通代表天地人的三横画，象征"天人合一"这一中华文明整体文化中的最高理想和追求，也即"王"字本义。于是我们就能理解，包括人类文明在内的"天下"作为一个整体性概念，归往于至高无上之"道"，而得以达成天人合一的理想，这就是"天乃道"的又一层含义。

最后，我们来探讨这个"久"字。这个字是一个会意字，古义即长久、恒久之意，但它却是从"夊"字衍生而来，读音同"止"，意为"从后至"。又一读音与意思皆同"终"。"终"者，"冬"也，此二字都有尽头、终点之意，但在古义中却又有轮回循环之意，一年四季以冬季为终点，但冬去春来，冬季又代表着新的一年即将开始。因此这个"久"就包含了两层意思。一是形容"道"源远流长，恒久而没有两端尽头，《老子》谓之"迎之不见其首，随之不见其后"。二是说明了在抽象的"道"的规则覆盖下，具体的人类文明及宇宙万物都有其诞生的根本和开端，最终也将以某种形式回到那个根本和开端，《老子》谓之"夫物芸芸，各归其根"，"独立而不改，周行而不殆"。

通过对上面几个关键字的分析，就可以帮助我们"知常"——知"道之常"。既知"道之常"，那么就要以"道"的规律和价值观来指导人的行为，将人容纳进"常"的规律之中。如此才能到达"公"与"全"，人才能与以"天道"为代表的事物发展的客观规律相融合，才能"知行合一"，而达到"天人合一"的最高境界。

第十七章

太上，下知有之；其次，亲而誉之；其次，畏之；其次，侮之。

信不足焉①，有不信焉。悠兮②，其贵言③也。

功成事遂④，百姓⑤皆谓"我自然"。

---

① 信不足焉：《郭店楚简》作"信不足，安有不信。"古文"安"作副词时同"焉"，意为"于是""乃"。例如第十八章在《郭店楚简》及帛书本皆作"大道废，安有仁义；智慧出，安有大伪"。本章传世版本"信不足焉，有不信焉"，疑为后世将副词"焉"讹误为句末语气助词。

② 悠兮：指"悠远"，形容和感叹"道"源远流长又"周行而不改"，难以追溯和探究。非"悠然"或"悠闲"。

③ 贵言：即后文之"希言"。"希言自然"即"道"的存在方式，不以主观人为的、教条的规则说教，但却始终在客观上影响和左右着万物的发展生息。

④ 功成事遂：与前文"功遂身退"相呼应。是"道"在客观上使人"功（成事）遂"，而非人主观本身的成功，因此人要"身退"于"道"之后，而不可"为天下先"。

⑤ 百姓：泛指社会大众整体，而非狭义上的处于被统治阶级的社会下层老百姓。

在很多前辈学者的注解中，常常将本章解为《老子》对统治者和治国之道的看法，这样的理解虽然是有一定道理的，但略显狭隘。

本章提出了四个纵向的层次，对应了人们的四种态度。与其说是统治者的四种境界和百姓对统治者的态度，不如说是"道"在世人眼中的四种看法和角度。"道"因其玄妙而不彰显，因此绝大多数人仅仅能意识到冥冥中似乎有某种存在，主宰支配着万物运行和历史发展，这便是"太上，下知有之"。后来人们开始逐渐模糊地认识到"道"的存在方式，并且明白了"道"是万物发展的根本规律，但囿于人类文明程度客观水平的限制，自然会形成对"道"的本质和规律的片面狭隘的认识，于是就会出现神学与宗教，用唯心主义的观点和方式对"道"显现出的部分面目表现出尊崇而赞誉的态度。然而人类文明本身是主观的、唯心主义的，而"道"却是中性客观、唯物主义的、不以任何人的意志为转移的。因此随着人类文明的发展，当越来越多的人在懵懂中逐渐深入地认识了"道"，突然发现了"道"的规律和法则往往与人类习惯的主观的想法相反，发现原来并没有一个以唯心主义的方式存在的"神"在保佑人类的时候，自然会对这种看似冰冷无情的自然法则产生畏惧的心理。"道"是玄妙深微的，并非所有人都能真正的认识和理解"道"的存在和运动方式，因此人不免会从主观角度产生一种放任自流的消极心态，从而对"道"的规律持一种消极轻慢的态度。

以上这种人类文明以各种不同的角度和态度看待和认识"道"的情况，就是《老子》说的"百姓皆谓我自然"。这就是客观唯物主义的"道"与多数情况下主观唯心的人类文明之间发生的碰撞。与一般理解不同，在我看来，文中这种"我自然"的态度非但不是《老子》倡导和认同的，而恰恰是与《老子》的哲学思想背道而驰的。

《老子》在后文中云："道之为物……其精甚真，其中有信"，但这个"信"却又"惟恍惟惚"，因此《老子》说"信不足焉，有不信焉"，因为不信，所以绝大多数人们即使知道了"道"的存在，普遍也无法准确地、全面地理解"道"，因而会对"道"产生"畏之""侮之"的消极态度。而"道"本身是玄妙幽远的，因此虽然是一门重要的思想和学问，《老子》谓之"贵言"，但却必然不为人们广泛的接受和理解。所以尽管"道"的规律在客观上推动和促进了人类文明和宇宙万物的创生和发展，达成了"功成事遂"的效果，但人们却往往意识不到这一点，仍然习惯于从主观唯心的角度看待这些现象，认为这个"功成事遂"的结果完全是人力自身所达成的，也就是"我自然"。于是唯心主义就这样发生了与客观唯物主义的碰撞。但是"道"始终保持着"无为"和"不争""衣被万物而不为主"的客观中性的本质。这种"道"的本质便是《老子》并未明说的、与主观唯心主义的"我自然"相对立的"道自然"。

当我们把目光拉回到统治者的治国之道上，当然也可以运用"道"的方法论。自古及今，人类社会对统治者的看法其实与对"道"的看法相同。任何统治者都无法改变这种情况，无论是仁政、暴政，任何手段都无法消灭每个百姓内心的不同想法。而在《老子》的观点看来，统治者其实无须寻求改变这种客观存在的情况，无论百姓的态度和想法怎么样，统治者都应当以"道"的价值观为出发点来制定政策、行使权力，正如《老子》所说"圣人不仁，以百姓为刍狗"。一切政策的实施和权力的运用都不应当单纯片面地以百姓的评价和"民意"好恶作为衡量标准，而应当以客观唯物主义的态度为出发点，以"无为""不争"的态度作为最高行为标准，以整个社会和文明的发展和进步为最终目的，只有如此才能真正地顺应历史的潮流，引领国家和百姓，引领整个人类社会和文明不断向前发展。

从中性的角度来说，"民意"其实是一个泛泛的概念，往往多数时候都是从个人主观唯心的观点出发，容易被眼前的短期利益吸引。治国行政一旦万事以片面狭隘的"民意"好恶为参考标准，必然将陷入主观唯心的"我自然"，其实就背离了"道"的根本规律和法则。"道"的本质是推动人类社会发展和进步，"往而不害，安平泰"，因此人类社会和文明的长远可持续发展和进步恰恰才是最大的"民意"、最大的"自然"，才是真正的"道"之"自然"。

第十八章

大道废，有仁义；智慧出，有大伪；六亲
不和，有孝慈；国家昏乱，有忠臣。

上文中我们探讨过，"道"的价值观是一种中性、客观的价值观。从"道"这个哲学概念的角度看来，我们世俗社会中的仁义、智慧、孝慈、忠诚等观念都是带有强烈的主观唯心色彩的，是人为创造的，都是在"有"这个范畴之内，在某种意义上是与以"无"为核心的"道"的价值观背道而驰的。但《老子》曾强调："有无相生"，"同谓之玄"，也就是说我们世俗社会中的各种主观的观念也是"道"的一部分，也是符合"道"的客观发展规律的。然而这种情况毕竟是违背了"道"的长远发展趋势的，因此人类社会才会出现种种人为的矛盾，为了调解和解决这些矛盾，于是创造了以"仁义"这种主观唯心主义观念为代表的世俗道德来约束矛盾的范围和后果。但实际上这种"仁义道德"永远无法从根本上解决问题，反而催生出更多复杂的人类文明和社会特有的矛盾和问题。可以说，《老子》认为人类社会和

文明在发展中遇到的种种矛盾和问题的根源就在于"大道废"。

那么，为什么只有人类文明会出现"大道废"这个问题呢？《老子》认为正是因为"智慧出"，正是因为人类进化发展出了文明，从完全凭借本能活动与生存的动物进化出了智慧，也就逐渐从客观唯物主义之"道"走入了主观唯心主义。智慧正如一把双刃剑一样，既帮助人类取得了"域中四大"有其一的地位，同时也将人类逐渐带离了"道"的价值观，正如只有人类才会作伪一般。

正如我们上文所说，《老子》并非反对人类文明，反对人类拥有智慧。《老子》认同这些"不道"的问题和矛盾其实也是"道"的一部分，是人类社会与文明的必经之路。但随着时代的进步和发展，人们必须逐渐回到"道"的价值观和发展大趋势之上。一旦如此，那么整个社会和文明的每个个体都将按照"道"的价值观来塑造自身的价值观，因此也就不需要世俗的所谓"仁义道德"，而少数"智者"也就不敢"有为"。在"道"的价值观指导下，人与人之间的情感纽带也就无须借助带有差等的"亲情"来维系，因而也就不再需要"孝慈"这种观念。整个社会中的每个人都按照"道"的规则和价值观来参与社会活动，不再重视私利私欲，那么社会关系中也就无所谓忠奸之分，而回归到"无为"与"不争"的理想社会形态。

第十九章

绝知弃辩①，民利百倍；绝仁弃义，民复孝慈；绝巧弃利，盗贼无有。此三者以为"文②"，不足。故令有所属：见素抱朴③，少私寡欲④。

---

① 绝知弃辩：摒弃奸诈巧智与口舌狡辩。知，古文同"智"，特指违背了"道"的价值观的、以满足自身私利私欲为目的的伪诈巧智。

② 文：文彩。意指表面装饰。

③ 见素抱朴：面向"道"的发展方向，呈现出以素朴为代表的"道"的价值观。"见"同"现"，呈现；"抱"，意为"面对""面向"，例："万物负阴而抱阳"。

④ 少私寡欲：《老子》并不像某些哲学思想那样从主观唯心的角度倡导消灭人的一切欲望，而是从"道"的客观角度出发，倡导人们对违背了"道"的价值观的私利私欲加以节制和约束。

在讨论本章之前，必须引入《郭店楚简》中本章的文本进行对照，才能更好地分析和理解。《郭店楚简》中本章作："绝智弃辩，民利百倍；绝巧弃利，盗贼亡有；绝伪弃诈，民复孝慈。"

传世版本的"绝圣弃智"说，仅从字面意思来看是与《老子》全文主旨相悖的。《老子》说"大道甚夷而民好径"，认为广泛意义上的"民"也就是普通社会大众是无法认清"道"的发展规律的，因此倡导应该由掌握了"道"的发展规律的"圣人"治国治世，带领人类文明顺应"道"的"往而不害，安平泰"的发展潮流共同前进，以此达到整个社会和文明的前进发展。因此"绝圣弃智"必须联系《郭店楚简》的"绝智弃辩"，才符合《老子》全文的主旨。以"道"的发展规律为标准，抛弃那些"不道"的伪圣、伪智，以及与"道"的价值观相悖的诡辩言论和思想，方能使得"民利百倍"。同样的道理，抛弃了那些与"道"的价值观和发展规律相悖逆的、粉饰以仁义巧利的价值观，人类社会和文明才能回到正确的历史发展潮流当中来。

然而仅仅靠文中"三绝"来抛弃这些"不道"的价值观仍然是不够的，因此《老子》强调"此三者，以为文"。"三绝"之外还要解决"民好径"这个人类社会和历史中始终客观存在的问题，方能标本兼治，让人类文明复归于大道。于是《老子》再一次从方法论的角度强调了"道"的价值观——"见素抱朴、少私寡欲"。上文那些悖逆于"道"的伪圣、伪智，以及仁义巧利等主观唯心的思想观念，从根本上讲都源于人的私利私欲之心。但这种"私"的价值观念却是人类社会和文明在发展过程中客观存在的，其实也是"道"的宏观发展规律的一个辩证组成部分。这就是"道"的本体论的其中一个角度。因此《老子》从朴素的唯物主义角度出发，并不要求彻底灭绝私利私欲这种人性本身客观存在的现象，而是通过倡导人们认识和学习"道"的客观唯物主义的价值观，来抑制以私利私欲为代表的种种主观唯心的观念，通过朴素的辩证唯物主义的方法最终使人类社会和文明回到"道"的积极的发展方向上来。

第二十章

唯之与阿，相去几何？美之与恶，相去若何？

人之所畏，不可不畏——荒①兮，其未央②哉！

众人熙熙③，如享太牢④，如春登台⑤；我独泊兮，其未兆，如婴儿之未孩⑥；傫傫⑦兮，若无所归⑧。

众人皆有余⑨，而我独若遗⑩，我愚人之心也哉！沌沌兮。

众人昭昭，我独昏昏；众人察察⑪，我独闷闷。

众人皆有以⑫，而我独顽且鄙⑬。

我独异于人，而贵食母⑭。

---

① 荒：荒远。指"道"的广阔无垠，悠远而难以认知。"玄德深矣、远矣，与物反矣"——《老子·六十五章》。

② 其未央：人们普遍与"道"的客观规律和价值观之间有很大差距。"央，中央也"——《说文》。未央本意指没有位于正中，非未尽、未已之意。"夜如何其？夜未央"——《诗经·小雅·庭燎》，就是问黑夜现在处于什么时间阶段？尚未到午夜（中夜），而非黑夜尚未结束。

③ 熙熙：熙熙攘攘，指人类社会的一般生活方式，虽然多姿多彩，但未必符合"道"的价值观。

④ 太牢：美食。原意指古代帝王祭祀社稷的活动，"诸侯之祭，牲牛，曰太牢"——《大戴礼记·五十八·曾子天圆》；引申为高级的美食，"奏九韶以为乐，具太牢以为膳"——《庄子·外篇·至乐第十八》。

⑤ 如春登台：就像春天登上高台眺望美景而感到身心愉悦。王弼本作"如春登台"，河上公本作"如登春台"，两者意思相同。"晴峰三十六，侍立上春台"——贾岛《送刘式洛中觐省》。

⑥ 我独泊兮，其未兆，如婴儿之未孩：我内心孑然淡泊，没有任何强烈的感情和欲望表现出来，如同初生的婴儿未省人事，没有受到外界思想的影响和干扰，保持纯粹的质朴状态。兆，特征；未孩，尚未因智力发育完全而产生复杂的思想和情绪。有前辈学者训"孩"为"咳"，指小孩的笑声，意思是我保持淡泊而不显行迹，如同婴儿尚不知嬉笑。婴儿的哭与笑源自纯粹的本能，而非从外界学习来的，因此《老子》必定不会排斥或反对婴儿自然的笑，故这种说法与原文主旨不合。

⑦ 傈傈：奔劳困顿。指"我"的行为方式看似与社会和时代的主流价值取向不同，不被世人所理解。

⑧ 若无所归：如同漫无目的、找不到方向。指"我"的人生目标不为众人理解而被轻慢。

⑨ 有余：有两层含义，一指有余钱余利，世俗的功名利益。"财货有余，是以盗夸"——《老子·第五十三章》。二指超越了"道"的合理标准和价值观的思想和事物。"天之道，损有余而补不足"——《第七十七章》。

⑩ 我独若遗：我孑然淡泊如同遗忘了对世俗利益的追求。有前辈学者将"遗"训为"匮"，意为匮乏。但因"若"字的原因，原文这句话就理解成了：众人都财货有余，只有我（实际上财货有余）却如同财富匮乏一样。这种理解与全文主旨不合，故不取。

⑪ 众人昭昭，众人察察：本句"众人"二字在马王堆帛书作"鬻人"，传世版本作"俗人"。然"鬻人"不成文义，"俗人"与本章前后文义不合。鬻yù，多音字，古代汉语其中一个读音作zhù，与"众"字读音相近。本章主要以"众人"与"我"相对，故而可以推测马王堆帛书的"鬻（zhù）人"很可能是当时听写者因读音相近而造成的错讹。现据此改之。鬻，键也，武悲切，臣铉等曰，今俗粥作粥，音之六切。六，力竹切。众，之仲切——《说文》。

⑫ 众人皆有以：众人都有所作为。以，用也。"忠不必用兮，贤不必以"——《屈原·涉江》。

⑬ 顽且鄙：顽愚固执、被主流价值观所轻蔑。

⑭ 贵食母：重视符合"道"的价值观的自身修养。贵，重视。食，养也，意为培养、修养。养（養），从羊从食。疑为传世过程中因字形相近产生的错讹。母，"道"的代称，"有状混成，先天地生……可以为天地母"——《老子·第二十五章》。

　　本章在诸家传世版本中，多以"绝学无忧"句开始。然而综观本章，该句与主旨不合。又《郭店楚简》该句接于"为学日益"章，因此推断该句为错简重出，故本文删除。

　　"人之所畏，不可不畏"句，有前辈学者据马王堆帛书本，似作"人之所畏，亦不可以不畏人"。据陈鼓应先生说，帛书本意为"为人所畏惧的——就是人君——亦应该畏惧怕他的人"，乃帝王之术。综观本章，本文取传世通行版本的"人之所畏，不可不畏"，意思与本章主旨更为协调。

《老子》哲学思想和价值观，自其诞生起就与社会大众广泛认同的主流思想与价值观有所不同，甚至是看似背道而驰的一门思想。唯与阿、美与恶，在社会主流思想中分别代表着高低有别的等级和截然相反的观点，但《老子》却用"相去几何"这样的反问向大众主流思想观点提出挑战。在用这种方式表明了自己独特的思想和立场后，《老子》紧接着实事求是地做出了"人之所畏，不可不畏"的陈述——尽管与世俗观念不同，但《老子》的哲学观点并非独立于社会和文明存在的，相反必须将自身与社会和文明的现实状况有机结合起来，如此才能让自身具有存在的价值。认识这种对立与统一相结合的朴素的辩证思想，正是人们学习《老子》思想的一种有益的方法。

　　既然老子坚信自己的思想和价值观是合乎"真理"的，为何还要强调"人之所畏，不可不畏"呢？《老子》解释曰："荒兮，其未央哉。"这就是说，"圣人"也要尊重和正视社会大众主流的传统思想和价值观，在引领社会和文明发展进步的过程中，以实事求是的态度采取合乎社会与时代的客观状况的合理策略和方法，而不可刚愎自用，把自己的想法和意志蛮横地强加给社会和时代。因为社会中的绝大多数人的态度是属于"中士闻道，若存若亡；下士闻道，大笑之"的，这种情况是"道"发展出的社会文明的客观状况。不承认、不能正视这种客观状况，就是违背了"道"的客观发展规律和价值观。"荒"者，广也；"未央"者，未居中也。古文"央"字会意为"人在口（国字框）中"，《老子》曰："國（古文同"域"）中有四大，而人居其一焉"。故而《老子》所谓"未央"之意即指社会中占绝大多数的"没有闻道之人"。因此"荒兮，其未央哉"，其实就是"大道甚夷，而民好径"的另一种说法。

何以支撑上述观点呢？《老子》在本章下文中连续使用了"众人"与"我"相对，因此我们可以将上述两句译为"众人"眼中唯与阿、美与恶是截然相反的，"我"却不完全这么认为；但是对于"众人"眼中值得畏惧担忧的事物和价值观，"我"也应该抱持尊重和正视的态度。因为"道"的价值观和发展规律虽然是广泛的真理，但可惜"众人"却没有认识和领悟。"其未央哉"的这个"其"正是指向"人之所畏"之"人"，即"众人"。

第二十一章

孔①，德之容②，惟道是从。

道之为物，惟恍惟惚。惚兮恍兮，其中有象；恍兮惚兮，其中有物。窈兮冥兮，其中有精；其精甚真，其中有信。

自今及古，其名③不去，以阅④众甫⑤。吾何以知众甫之状哉？以此。

---

① 孔：《说文》：孔，通也。引申为通道、管道。

② 容：《说文》：容，盛也。容纳之意。

③ 名：指"德"。

④ 阅：经历、经过。

⑤ 众甫：众人，代指世间万事万物。

《老子》又名《道德经》。相传最初版本《德经》在前，《道经》在后，从汉末王弼本开始成为现在我们见到的《道经》三十七章在前，《德经》四十四章在后，共计九九八十一章的版本。在一些学者看来，之所以后世将《老子》重新分为八十一章的《道德经》，可能与

汉代"黄老之学"的"九九重阳"的文化崇拜有关，而老子被道教尊奉为道祖，因此其经典也被重新编纂以符合这种文化崇拜。结合具体内容来看，本章虽然处于《道经》篇，但其实重在论"德"。

首句"孔德之容"，在很多前辈学者的注释中都将"孔"注为"大""伟大"，"容"注为"容貌、样貌"，如此本句的意思就是"伟大的德的样貌"。但我们不妨从另一个角度来重新理解原文。《说文》曰："孔者，通也；容者，盛也。"因此可以认为《老子》在本章形容出了道与德之间的关系——德就如同某种在一条管道中流通的液体一样，而这条"管道"就是"道"的轨迹和延伸。"大道甚夷""大道泛兮"，道是无形无名的、抽象的，包罗万象，是"本体论"的，包含一切好坏、利弊、积极与消极、生长和死亡，因此难以被人们普遍地理解和认识。但通过对"道"积极进步的方面的观察和思考，我们就能归纳总结其在发展进步方面表现出的规律和趋势，这个更加具体的规律和趋势就是"德"，是一种从"认识论"角度看待"道"的方法。因此从认识论的角度着手，"道"虽仍然显得虚无缥缈、惟恍惟惚，但我们可以通过其表现出的"象""物""精""信"来定义。

这种通过观察、思考和总结来认识道和德的能力，只有拥有智慧的人类才拥有。智慧帮助人类发展出了与自然界其他物种完全不同的、人类所特有的文明历史。

因此在《老子》看来，"德"是人类社会和文明特有的，人不但可以通过对自然界当中各种事物和现象的观察和思考来总结和认识"德"，同样也需要从人类自身的历史发展轨迹中寻找和总结。历史中那些机遇与陷阱、兴盛与衰亡，无不彰显出"道"的发展规律。历史表现出的客观规律中的积极发展的一面，便是"德"，按照"德"的价值观标准和运动趋势来指导人类社会和文明的发展方向，就能保证人类文明永远走在正确的道路上。

第二十二章

曲则全^①；枉则直^②；洼则盈；敝则新；少则多；多则惑。

是以圣人"抱一"^③为天下式。不自见^④，故明^⑤；不自是^⑥，故彰^⑦；不自伐^⑧，故有功^⑨；不自矜^⑩，故长。

夫唯不争，故天下莫能与之争。

古之所谓"曲则全"者，岂虚言^⑪哉？诚全而归之^⑫。

---

① 曲则全：有弹性、有韧性，才可以承受压力而不崩折。曲，象器曲受物之形——《说文》。

② 枉则直：能够承受冤屈、委屈而坚定信念不动摇，才称得上正直。

③ 抱一：朝着"道"的发展方向，顺应发展潮流，与"道"偕进。抱，面向、面对；一，即"道"的发展潮流代称。

④ 自见：固执己见。

⑤ 明：客观、全面的眼光和思想。祖先造字，日月合而作"明"，日月象征阴阳辩证思想。阴阳和合统一，就是中国古典哲学追求的"大统一"或"天人合一"的最高境界。

⑥ 自是：自以为是。

⑦ 彰：展现出全貌，引申为对自身的全面认识。彰，明也——《广雅·释诂四》。

⑧ 自伐：自吹自擂。

⑨ 有功：有价值。

⑩ 自矜：自负、骄傲。"汝惟不矜，天下莫与汝争能"——《尚书·大禹谟》。

⑪ 虚言：不切实际、无法与实践相结合的的理想主义教条。

⑫ 诚全而归之：真是全面可靠的、有实践价值的归纳总结。

　　《老子》在本章借古训来说明"道"的价值观。有弹性才能在承受压力时得以保全自身而不至折断；树木生长过程中虽然会长出一些斜生的枝杈但却离不开直竖的主干；低洼的地形才能容纳水流而不至枯竭；以旧的事物为基础才能继续发展进而创新；物质的积累都要经历从少至多的过程；事物的数量一旦超过合理的程度就会变得纷乱。《老子》和那些提出"曲则全"的古代先贤们正是通过对寻常事物表现出的规律进行观察和思考，从而认识和总结"道"的发展规律及价值观。《老子》认为，"曲则全"代表的思想和价值观，绝不是没有实际意义的、无法与生活实践相结合的理想主义教条，而是切实可行、符合"道"的发展规律的。

　　《老子》倡导"圣人"来管治天下，引领人类文明不断在正确的历史道路上发展前进，因此"圣人"必须坚定自己的行动方针与价值观——"抱一"——遵从道的价值观和发展规律，才能成为人类社会和文明的表率和领导者。具体来说，首先要摒弃人类天性中的唯心主义思维方式：不自见——以客观唯物主义的眼光和态度来看待问题和事物，才能得到全面、真实的结果；不自是——以客观唯物主义的眼光和态度来看待自己，才能真正全面地认识自己；不自伐——以客观唯物主义的眼光和态度评价自己而不自吹自擂，才能判断出自己的作为是否具有真正的价值；不自矜——避免自己被唯心主义的思想支配，才能始终顺应"道"的价值观和发展规律，获得长久、持续的发展和进步。

那么，到这里我们就知道，所谓自见、自是、自伐、自矜，其实都是源自一种世俗普遍的功利之心，都是"争"——从自身主观出发，与己相争，被自己的主观眼光和思想观念蒙蔽而看不清事物的全貌，也无法客观全面地认识自身；与人相争，浪费宝贵的时间和精力却无法创造任何真正的价值；与"道"相争，跟随自己的主观意愿肆意妄为，最终被"道"的发展潮流所抛弃和淘汰。

因此，《老子》提倡"不争"的思想：坚定地秉持"道"的价值观，顺应"道"的发展潮流积极参与社会实践。不因片面的和一时的荣辱名利而丧失信念打破底线，不被世俗的价值观和思想所困扰迷惑，才能令自己保持不断的发展和进步而不被淘汰。

第二十三章

希言自然。

故飘风不终朝，骤雨不终日。孰为此者？天地！天地尚不能久，而况人乎？

故从事于道者，同于道；德者，同于德；失者，同于失。

同于德者，道亦得之；同于失者，道亦失之。

何谓"希言自然"？《说文》曰："稀者，疏也；言者，直言曰言，论难曰语。"因此所谓"希言"在本章的意思就是不成系统、不成完整理论，难于被认知和理解。《老子》曰："道法自然"，"道"的运行和作用方式是自然而然的，唯物客观的。所以"希言自然"的意思即"道"的理论和规律虽然难以认知、没有完整的系统，却是真实而广泛存在的，自然而然地、客观地运行和发生作用的。

飘风骤雨皆是天地之间的自然天象。天地皆法于"道"，是唯物客观的，因此天地之间的自然天象无论是飘风骤雨还是《老子》并未言明的风和日丽都是按照"道"的客观规律自然形成和运动的。"道常无为而无不为",因此风云气象这种天地之"为",也是如"道"般"无为"。纯粹是自然而然地发生和结束,而不带有主观的目的性,不以任何人的意志为转移。人法于地、天,故而人也应当"无为"而"为之",尊重事物发展的客观规律,顺应"道"的发展潮流来实践自己的行为。

飘风骤雨不会长久,风和日丽也同样不会长久。"道"的规律又表现出一种辩证唯物的动态平衡。那么同样,人也应当认识并秉持这种动态平衡的辩证唯物主义的价值观。本质上主观唯心的人,通常会过分追求长久的权力、名誉、财富,这就是《老子》想要提醒我们注意的,这些是"不道"的想法和价值观。

《老子》总结:"从事于道者,同于道;德者,同于德;失者,同于失。"这句话中的"从事于道者"并非泛指,而是特指"天地"的"无为之为"——飘风骤雨等自然天象。而"德者""失者"则都是用来特指人。"无为"之人即"德者",妄为之人即"失者"。"夫物芸芸,各归其根",天地天象自然运行,所以"同于道";"无为"之人遵守"道"的规律和价值观,所以"同于德",跟随着"道"的发展趋势自身也获得发展——"道亦得之";妄为之人背离了"道"的规律和价值观,所以"同于失",被"道"的发展规律和趋势所抛弃——"道亦失之"。

前辈学者注解此章时多将本章之意引申为《老子》对统治者的教导和对政治的批评。这样的说法并不为错，只是稍显片面。《老子》关注的重点是整个人类社会和文明的整体性发展和进步，政治实践只是其中的一部分内容。如果人类社会和文明整体上都能认识和遵从"道"的价值观和发展规律，那么政治实践自然也会"同于道"，而无需特意进行批评和强调。

第二十四章

企①者，不立；跨者，不行。自见者，不明②；自是者，不彰③；自伐者，无功④；自矜者，不长⑤。

其在道也，曰："馀食赘行"，物或恶之⑥，故有道者不处。

---

① 企：踮起脚尖站立。

② 自见者，不明：固执己见，所以无法做到客观、中和、兼听则明。本章之"明"是《老子》对辩证统一哲学概念的代称，"知常曰明"——《老子·第十六章》。

③ 自是者，不彰：自以为是，所以无法形成真正有价值、有意义的观点意见。《说文》：彰，文彰也，意为通过文字来表达阐述道理和思想。

④ 自伐者，无功：自吹自擂的行为没有任何实际价值。伐，通"阀"，意为功劳、功绩。"汝惟不伐，天下莫与汝争功"——《尚书·大禹谟》。

⑤ 自矜者，不长：孤芳自赏、故步自封，所以无法得到发展和成长。矜：自负、骄傲。"汝惟不矜，天下莫与汝争能"——《尚书·大禹谟》。

⑥ 物或恶之：被"道"的客观规律和价值观所排斥和抛弃。物，"道"的代称。《说文》：物，万物也，牛为大物，天地之数起于牵牛，故从牛。恶（wù）：排斥、厌恶，与"好（hào）"相对。

"无为""不争"是"道"的价值观的主要组成部分，为与无为、争与不争之间的界限，就是一种"度"，这个度就是我们通过思考和观察"道"的客观发展规律而得出的。正如"川谷之于江海"，水流的规模再大也要受到地形地势的约束，这就是"道"在自然界的客观物理法则和规律，就是展现在我们眼前的度。自然界如此，人的行为实践也是如此，同样要遵循一个客观的度，接受"道"的价值观的约束。

　　立与行，是人类日常生活中的寻常行为，这样简单的动作构成了我们日常行为实践的基础。立与行都要受到"道"的客观规律和法则的约束，才能保持平衡以致"稳定"，才能支撑起我们其他的行为动作，乃至生活中其他所有活动实践。我们传统价值观中的"脚踏实地"就是这个意思。即使是杂技或体操中的一些复杂而危险的动作，看似打破了稳定与平衡，但这些动作依然要以稳为基础，在此基础上扩展出的动作才能保持动态平衡，而不至于带来严重的伤害和其他消极后果。因此这种稳定就是"道"给出的度。

　　"企"，意指踮脚；"跨"，意指跨越。这两种动作都是一定程度上打破了人体正常的平衡与稳定的，因此都是无法长久保持的，强行施为打破了合理的度，最终必然摔跟头，因此违背了"道"的客观规律和价值观，《老子》谓之"物壮则老，是谓不道。不道早已"。同样的道理，人进食吃饭，本质上其实是为了补充人体所需的能量，保持身体的健康。但这种正常的生理需求超过了合理的度，纯粹为了逞口腹之欲而吃得过多过饱，那么就会影响消化系统和正常的运动能力，同样违背了"圣人为腹不为目"的"道"的价值观，因此《老子》谓之"余食赘行"。所谓"余食赘行"，一些前辈学者认为应当作"余食赘形"来解读，意为"剩饭"和身上的"赘瘤"，联系上下文我们可知，这种看法可能已经超出了《老子》的本意。这个词的本义其实就是描述一个人吃得过多过饱而导致行动不便，与"企者不立、跨者不行"是同样的道理。

"企""跨""余食赘行"都是违背了"道"的客观规律和价值观的行为方式，因此都是肆意妄"为"，都是与"道"相"争"，所以《老子》谓之"物或恶之，故有道者不处"。推而广之，《老子》要求有道之人还要做到不自见、不自是、不自伐、不自矜。只要追随和遵守"道"的客观规律和价值观来正确地认识自己、约束和指导自己的行为实践，那么自然而然可以得到积极的结果，即"明""彰""有功"与"长"，得到发展与进步。

第二十五章

有状混成①，先天地生。寂兮寥兮，独立而不改，周行而不殆②，可以为天地母③。吾不知其名，强字之曰道，强为之名曰大。大曰逝，逝曰远，远则反。

故道大，天大，地大，人④亦大。域中有四大，而人居其一焉。

人法地，地法天，天法道，道法自然⑤。

---

① 有状混成：传世版本多作"有物混成"，《郭店楚简》作"有状混成"，哲学涵义更贴切，更符合《老子》本义。

② 不殆：不停滞、不停息。"殆"通"怠"。

③ 可以为天地母：《老子》认为"道"创生、化育了万物，"万物恃之以生而不辞"，"衣被万物而不为主"，故而可以说"道"是万物的根源、根本，因此可称之为"天地母"。《郭店楚简》作"天下母"，传世版本多作"天地母"。"天地"通常用来概括形容宇宙和地球上的自然界万物，"天下"通常指人类社会。联系本章来看，《老子》重点在于谈论"道"的形态和概念，而不仅仅是人类社会与"道"的关系。因此"天地母"更合本章主旨。

④ 人：泛指人类文明和社会的整体，而不仅仅是某个独立的个体。

⑤ 人法地，地法天，天法道，道法自然：人类文明和社会受到周围自然环境的影响，自然环境又受到宇宙这个更大的系统的影响，宇宙又是在"道"的客观规律的影响和作用下形成的，而"道"本身即是如此，可以影响和支配万物，却不会反过来受任何事物的影响。

本章主要写对"道"的描述。首句"有物混成"似为传世过程中出现的讹误。"物"者，《说文》曰："万物也。牛为大物，天地之数起于牵牛，故从牛。"因此在古代，"物"这个字已经被定义为具体的事物、实物，与本章后面的阐述及全文核心思想相悖。因此该句应按照《郭店楚简》版本的"有状混成"，文意才能通顺。联系下文"道，常无"之句也是如此。

本章主要是对"道"的形象和概念进行陈述，"道"是一种抽象的概念，在天地万物等一切实体的、具象的物质出现之前就已经存在。并且是独立存在，不受任何其他事物的影响，独立进行运动。但"道"又是一种超然于万事万物，同时又包罗万象、无远弗届的根本性的概念。"其可左右万物"、化育万物，向万物施加影响，但却不会受到反向影响，而始终保持自身客观独立的运动方式。

"道"像一条直线一样拥有不断向前发展的运动规律。而这种发展在更大的尺度上看，又将呈现出某种宏观循环的态势。如果我们人类在地上笔直地向前行进，看似是在做直线运动，但在更大的尺度上，随着运动的距离和时间的累积，最终会回到出发时的原点。在地球上如此，更大尺度的天体运动，包括行星与恒星的运行规律皆是如此。

《老子》提出了"道大、天大、地大、人亦大"的"域中四大"。这里的"天"指广义的宇宙，"地"指地球上的自然生态，而"人"则是指整个人类社会。如上文所说，天地所指的万物都要遵循"道"的规律和原则进行发展和运动，而人类虽为"万物之灵"，占据了"域中四大"之一的地位，但人类社会也必须遵从"道"的客观规律，而无法超越和打破这一规律。因此在《老子》的宇宙观看来，人类的行为规律应当效法"天地"表现出的自然规律，"天地"则受到"道"这个根本规律的支配，但"道"作为宇宙万物根本的客观规律，却是自然而然地形成的，并没有一个更高的意志去主宰和支配它。可以说，自《老子》时代，中华文明的祖先已经逐渐形成了朴素的客观唯物主义哲学观。

"人亦大"，按王弼、河上公本作"王亦大"。有前辈学者指出，这个"王"当是传世过程中的讹误，或为"古之尊君者妄改之"。其实"王亦大"也是符合《老子》本意的。《说文》曰："王，天下所归往也；董仲舒曰，古之造字者，三画而连其中，谓之王。三者，天地人也，参通者，王也；孔子曰，一贯三为王；李阳冰曰，中画近上，王者则天之义。"由此可见，"王"字古义其实并非指狭义的封建社会的君王、帝王，而是泛指一切能够把握历史的发展潮流的人、"执大象"者，也就是《老子》所说的"圣人"。《老子》倡导人类社会应当由"圣人"来引领百姓，使得人类文明和全社会都能按照"道"的发展规律和价值观共同进步。因此可以说"王亦大"也是合乎《老子》全文主旨的。

第二十六章

重为轻根，静为躁君。

是以君子终日行不离其静、重^①。

唯有怀静安处则昭若^②。

奈何万乘之主^③而以身轻于天下^④。

轻则失根，躁则失君。

---

① 静重：君子行事的根本原则，即首句"重为轻根，静为躁君"。王弼等版本作"辎重"，马王堆帛书甲本作"巠重"，巠 jīng，与帛书乙本"甾"字形相近，疑为传世过程中因字形相近而造成的错讹。王弼等传本的"辎重"可能就是从帛书乙本的"甾重"而来。"巠"与"静"发音近似，并且"静重"与上一句对文，故而可以判断本句存在传世过程中的错讹，《老子》原文应当作"静重"。

② 唯有怀静安处则昭若：只要秉持怀静安处的心态和方法就能够得到光明和顺的发展前景。昭，日明也——《说文》；若，顺也——《尔雅·释名》。本句在传世版本作"虽有荣观，燕处超然"，与全文主旨不合，文义也不通顺。帛书本作"环官燕处则昭若"，"環"与"怀（懷）"字形相近；"官"与传世本的"观（觀）"同音，"觀"与"靚"字形相近，"靚"与"静"同音，"静"与全文主旨相合；"燕"与"宴"同音，"宴，安也"——《说文》，故同"安"。"昭若"传世本作"超然"，与全文主旨不合，疑为传世过程中错讹。

③ 万乘之主：天下之主、君主。乘 shèng，量词，古代四匹马拉的车，一辆为一乘。帛书本作"万乘之王"。

④ 以身轻于天下：自身轻飘飘的浮在半空中，离开了天下之根本，即构成了"天下"与社会的人民大众。用今天的话来说就是"脱离群众"。"天下非一人之天下，乃天下人之天下也"——《六韬》。

（传世版本）重为轻根，静为躁君，是以君子终日行不离辎重，虽有荣观，燕处超然，奈何万乘之主而以身轻天下，轻则失根，躁则失君。

（其他传本）重为輕根，靜为躁君，是以圣人终日行不离静重，虽有榮觀，燕处超然，奈何万乘之主而以身轻天下，轻则失臣，躁则失君。

（帛书甲本）重为巠根，清为趮君，是以君子众日行不离其巠重，唯有環官，燕处则昭若，若何万乘之王而以身巠于天下，巠则失本，趮则失君。

（帛书乙本）重为輕根，靜为趮君，是以君子冬日行不远其甾重，虽有環官，燕处则昭若，若何万乘之王而以身輕于天下，輕则失本，趮则失君。

（对比结果）重为輕根，靜为趮君。是以君子终日行不离其靜重，唯有環觀燕处，则昭若。奈何万乘之主而以身輕于天下。輕则失根，趮则失君。

持重与守静，是《老子》哲学中重要的两个要素，也是中国古典哲学中君子行事的根本原则。正如《易·乾》曰："君子终日乾乾，夕惕若厉"；《坤》曰："地势坤，君子以厚德载物"；《系辞》曰："引重致远"，虞翻注："坤为重"。这就是说，君子或"圣人"，就是应当顺遂着"道"的客观规律，在保持自身进步的同时还要承担起引领文明和社会发展进步的责任，故而要把持重作为根本性的思想观念。除此之外，重还有着与之对应的轻的辩证一面。《孟子》曰："民为重，社稷次之，君为轻。"无论是掌握政权的帝王，还是扮演领袖角色的君子与"圣人"，都必须以民为本。历史唯物主义的观点认为，脱离了人民大众，而把历史的发展进步系于孤立存在的明君和英雄身上，就会陷入历史唯心主义的陷阱。毛主席诗曰："秦皇汉武，略输文采；唐宗宋祖，稍逊风骚；一代天骄成吉思汗，只识弯弓射大雕"，人民，只有人民才是一切历史的真正创造者！因此"俱往矣，数风流人物，还看今朝"。然而千百年来，客观唯物主义思想始终被唯心主义所压制，故而《老子》感叹："奈何万乘之主而以身轻于天下"，统治者脱离了人民群众，于是社稷倾颓、王朝覆灭的情况就这样在封建社会的历史舞台屡屡上演。

有了持重的根本观念，君子还要有守静的个人修养与眼光。《老子》强调："守静，笃"，坚定地把守静作为个人修养的基本准则。又曰："归根曰静，静曰复命，复命曰常，知常曰明"，"浊以静之徐清"，就是说守静可以使人透过事物的呈现出的复杂现象而看到其真正的本质。客观唯物主义的哲学告诉我们，包括人的思想行为在内的一切事物都有着"躁"的哲学属性，都是动态的、广泛的、复杂的。人无法拥有上帝的视角，是万物和历史的一部分，因"身在此山中"而很难分辨清"道"的发展方向和潮流。但通过守静的眼光，摒除外界与表象的干扰——"万物并作，吾以观复"——就能"知常，明"，使人正确、诚实、客观地看待自己、看待世界，而建立起完整健康的人生观、世界观和价值观，就能使自身获得积极的发展与进步。所以《老子》说："唯有怀静安处则昭若。"

第二十七章

善行，无辙迹；善言，无瑕谪；善数，不用筹策；善闭，无关楗而不可开；善结，无绳约而不可解。

是以圣人常善救人，故无弃人；常善救物，故无弃物。是谓"袭明"。

故善人者不善人之师；不善人者善人之资。不贵其师，不爱其资，虽智大，迷！是谓"要妙"。

本章的重点在于一个"善"字。如同第八章"上善若水"篇一样，《老子》倡导的"善"绝非狭义世俗的"善良"甚至是伪善，而是纯粹自然的、中性的、客观的、不带有功利性的"不争"之"上善"。因其不争，所以其善行、善言、善数等种种之善都是自然流露的，因此上善之圣人永远用自然而然的、不求回报的心态与眼光来看待自己、他人与万物，而非以某个世俗的、主观的标准来看待事情。圣人对自己的帮救行为、对被帮救者的身份性质不会区别对待，而仅仅是按照"道"的

行为方式来指导自己的行动。因此圣人这种尊道贵德的思想及行为方式就叫作"袭明"。联系第十六章的"知常曰明","袭明"便是承袭、继承了"知常",并在社会实践中发扬光大。

前文所言,《老子》的社会观主要是由"圣人"与平常人这两大类人群构成。因此圣人就会通过自己的"上善"之言行来潜移默化地成为平常人的榜样。而平常之人也将逐渐被圣人的"上善"行为所影响感化,最终达到一个更加美好的社会。虽然平常人仅仅被称为圣人之"资",但圣人还需时时警醒自己,不可居高自傲,背离了"上善"的标准。平常人也应当意识到应该敬重、尊重"上善之人",并以其为榜样。否则无论是圣人还是平常人,一旦妄言智慧、自以为是,最终还是陷于迷惑之中而不自知。《老子》认为这就是人类社会向前发展、达到更高阶段的最佳途径。

第二十八章

知其雄，守其雌，为天下谿[1]。为天下谿，常德不离[2]，复归于婴儿[3]。

知其白，守其辱[4]，为天下谷。为天下谷[5]，常德乃足[6]，复归于"朴"[7]。

"朴"，散[8]则[9]为器[10]，圣人用之则为官长[11]。故大制不割[12]。

---

① 谿：同"溪"。《说文》："谿，山渎无所通者。"故而"谿"代表着两个方面——山谷和流淌其间的溪水。"为天下谿"即顺应天下大势，顺应"道"的客观发展规律。

② 常德不离："常"，狭义上的"道"，自然规律；"德"，人之"道"，符合"道"的价值观的思想言行，"孔，德之容，惟道是从"。"常德不离"即指"圣人"对客观的自然规律和"道"的价值观相结合，形成全面统一的认识。

③ 复归于婴儿：《老子》在前文中以"专气致柔，能如婴儿乎"的反问来否定以片面的、主观唯心的方式追求"道"的行为。并在本章正面给出了答案——客观、唯物、辩证地理解和认识"道"，才能"得到"而回归"婴儿"般的质朴。

④ 知其白，守其辱：客观全面地认识和看待"清白"和"认同"——"委屈"和"误解"之间的辩证关系。

⑤ 谷：前文曰"谷、神、不死，是谓玄牝"，《说文》："泉出通川曰谷"。"为天下谷"即根据"道"的客观规律引领文明和社会获得发展和进步。

⑥ 常德乃足：客观的"道"和其价值观才能获得支撑、用以实践。"足"，《说文》："人之足也，在下，从止、口。口象股胫之形。"在本章中有获得支撑以利行走之意，非"足够""充足"之意。

⑦ 朴：即"道"的代称。"道，常无，名朴"，以"无"的抽象方式体现的"道"的根本、本质的状态。

⑧ 散：均匀普遍地扩散开来。

⑨ 则：法则、规则。本章意为以"道"的法则、规则为根据。

⑩ 器：《周易》云"形而下者谓之器"，具体的实事实物，即"有"，与"朴"代表的"无"的概念相对。

⑪ 官长：原意为古代行政单位的主管官吏。本章意为指导具体行为实践的规则和纲领。

⑫ 大制不割：任何个体和事物都无法脱离和独立于由"道"的客观规律覆盖和构成的宇宙万物"大一统"体系。

　　本章重在修身之道。在《老子》思想的世界观当中，万事万物皆有辩证的两面性。而"有德之人"必须学会同时观察到事物的这种辩证关系，才能成其"德"。趋利避害是人类天性，但懂得利与害之间对立又统一的关系才是大德大智。因此《老子》认为，看待事物的利害关系，首先要落在一个"知"字上。不但要知其雄，还要同时兼顾雄雌两方面构成的辩证统一关系。在建立了正确的认识之后，不为"其雄"所动，坚守"其雌"，才能"为天下谿"。前文有云"孔，德之容"，祖先造字，谷中有水为"谿"。因此溪水流于谷中，就似"德"贯穿于得道之人的行为修养之中——"常德不离"。而

谿却并非主观追求汇入川流大海，仅仅是随着谷的地势形态自然流动。这种自然的动态，就是有德之人应该学习的修身态度。如此态度，就像纯洁无欲的婴儿形态一样，才能探究"道"的存在。

而在《老子》思想中，还有一个特点就是它独特的社会人伦观及是非观。对其思想不了解的人们往往会产生误解。例如《老子》云："天地不仁，以万物为刍狗。圣人不仁，以百姓为刍狗。"这就与以儒家仁人思想为代表的社会人伦观有所矛盾。因此，在世俗的观点中，儒家人伦观往往占据主流"清白"的地位，而《老子》的社会人伦观则被误解和抹黑。因此《老子》提出，有德之人必须正确地看待上述两种观点的世俗对立情况，公正客观地看待两种观点的"白"与"辱"的是非关系，这就是"知其白"。有了公正客观的是非观，才能守其"尊道贵德之辱"。

同时，相比于知雄守雌的有德之人，在建立利害观之后，就要知白守辱建立正确的社会观和是非观，如此就可以在"为天下谿"的基础上更进一步——"为天下谷"。谿乃谷中之水，而谷则是彻底的空虚，相比上善若水更加接近于前文中"谷、神，不死，是谓玄牝"的"道"的本质。完全空虚的"谷"才能足够充分地容纳"德"，于是"为天下谷，常德乃足"，这种常德充盈于空虚之谷的形态，最终就会达到一个"朴"的境界。谷象征着空虚，而"德"也同样是抽象虚无的，于是这种状态就像《老子》

对"道"的定义:"道,常无,名朴"。

《周易》云:"形而上者谓之道,形而下者谓之器。"于是在"道"的根本规律规则之下,宇宙中最基本的元素聚合成型而构成具体的事物。这里论述的就是《老子》思想的宇宙观——宏观与微观的辩证关系。"圣人"即引领人类社会向前发展的人。因此圣人必须按照"道"的规律,克己修身,拥有完善的利害观、社会观、是非观、宇宙观,才能带领人类社会进步和发展。所以人类社会、自然界的万物,以及整个宇宙,共同构成一个统一的整体,是谓"大制"。而得道之人看待自己、看待社会、看待宇宙万物时,就要遵循"道"的原则,兼顾对立与统一的辩证原则,做到全面、公正、客观,不可被唯心主义的偏见和狭隘的思想割裂和误导。

那么,经过了上面纯粹的玄谈,我们就来讨论一下究竟什么是"德"?在我看来,科学就是《老子》所谓之"德"。这里我们所说的"科学"并非狭义的科学技术,而是广义上的科学观念、科学态度和科学方法的结合统称。在古典时代,尤其是西方早期,科学往往与"自然哲学"同义。早期的科学即人类通过对自然哲学的观察和总结,以数学的方式解释和阐述这些现象。随着科学技术的发展,人们逐渐认识到宇宙万物并非由某个超自然的"神"的意志所建立和主导,而是由一系列科学规律构成。人们通过科学研究发现,所有门类的科学规律最终都殊途同归,在人们研究和认识的尽头汇入一个广义上的"大一统理论"，这就是"大制不割"的另一层含义。这个"大一统理论"从哲学角度来讲就是《老子》之"道"，而科学发展的过程就是"德"。人类文明史上所有从事科学研究的人们，无论其研究的科学门类和方向，无不是在探索"道"的本质，都是在推动人类文明的发展和进步，因此都可以称得上"有德之人"或老子所谓"圣人"。因此从"朴散为器"——"圣人用之"——"大制不割"这个逻辑逆向推导，我们就不难预测，最终随着人类文明使用科学的方式得到那个"大一统理论"，人类文明最终将回到最本质的"朴"境界，可以说这就是广义上的科学角度的"天人合一"。而科学进步到极致，也将带领和促进人类的精神升华到极致，可以想象，到了那样的一个时代，人类文明将会在精神领域和科学技术这两个大方面达到和谐至美的"德"的最高境界，达到那个真正的、最终的、包含整个人类文明的"天人合一"。

第二十九章

　　将欲取天下而为之①，吾见其不得已。天下神、器②，不可为也，不可执也③。为者败之，执者失之。

　　是以圣人无为，故无败；无执，故无失。

　　夫物，或行或随，或歔④或吹，或强或羸，或培⑤或堕⑥。

　　是以圣人去甚⑦、去奢⑧、去泰⑨。

---

① 将欲取天下而为之：按照现代汉语的习惯可理解为"取天下而以欲为之"，试图以个人主观唯心的思想欲望去改变时代和社会的客观状况。

② 天下神、器：人类文明和社会这个范围中，"道"表现出的客观规律和具体事物。"神"《说文》曰："引出万物者也。"《第六章》"谷、神、不死，是谓玄牝"；器，《易》曰"形而下者谓之器"，泛指具体的事物。

③ 不可为也，不可执也：不可从主观唯心的思想角度出发，肆意妄为、强行把持。

④ 歔：同"嘘"，与"吹"相对。

⑤ 培：垒土以增高。

⑥ 堕，由高处坍塌、跌落。

⑦ 甚：形容消极的安乐、安逸的态度。《说文》曰："甚，尤安乐也。"《孟子》曰："人……生于忧患而死于安乐也。"

⑧ 奢：奢靡、铺张。

⑨ 泰：骄纵、傲慢。

本章重在论一个"欲"字。天下万物皆是被人类社会的各种欲望所覆盖的。权力、财富、美色、名望等一切欲望皆可称之为"欲"。欲望是在一切生命形式中都广泛存在的，动物有猎食生存、交配繁衍的欲望，植物有不断生长、开花结果的欲望。但与人类不同，动物、植物的欲望都是一种单纯的本能，除了满足本能之外并不再有其他复杂多样的欲望。而人类的欲望却不仅仅是满足生存本能，而是无穷无尽的。《老子》倡导"无为"思想，无为却非不为，区别只在于这个"为"是不是妄为。而从人类文明诞生之时起，经历《老子》所处的时代，一直到现代甚至我们可以想见的未来很长一个时期，人类的"为"很多都是罔顾客观实际，以自身好恶和欲念为出发点的妄为。这就违背了"道常无为"的原则。"天下神、器"即是"道"的客观规律和其衍生创造出的、包括人类文明在内的万物，自有其发展和前进的规律，都要跟随"道"的法则和方向来运动。因此在一些观念中，人类虽贵为"万物之灵"，也必须做到不可妄为、不可偏执，否则必然将被"道"的规律和法则所淘

汰和抛弃，如同人们常说的"被丢进历史的垃圾堆"。

万事万物都有其特定的存在形态和发展规律，而这些形态和规律皆是遵从了"道"的规律。因此圣人作为人类社会与文明向前发展的引领者，必须尊重"道"的规律，正确客观地认识自己、认识社会、认识世界，建立起完整全面的、与"道"谐和的价值观，用以克制自己的"不道之欲"和不切实际的想法。本章《老子》提出的观点和要求，正如佛家要求的戒除人性中的贪嗔痴一样。

第三十章

以道佐人主^①者，不以兵^②强^③天下。（师之所处，荆棘生焉。大军之后，必有凶年。）^④

善^⑤者，果而已^⑥，不以取强。果而勿矜，果而勿伐，果而勿骄，果而不得已，是谓果而不强^⑦。其事好^⑧，还^⑨。

物壮^⑩则老^⑪，是谓不道。不道早已^⑫。

---

① 人主：指导人的行为实践的思想意志。"主"《说文》："镫中火主也。"即灯芯，其形甚微而可照明一室。引申为主张、主意、主义等。有前辈学者释为"君主"，此说略显狭隘，故不取。

② 兵：以兵马、武力为代表的强力手段。

③ 强：强迫、强加。

④ 师之所处，荆棘生焉。大军之后，必有凶年：简本及帛书本皆无此句，据陈鼓应先生引多位前人学者的分析，此句疑为后人所作批注而非《老子》原文。

⑤ 善：代指"道"的价值标准。非"善良""慈善"等一般意思。

⑥ 果而已：得到了合理的结果和目的就停止。"已"，停止、罢了。

⑦ 善者，果而已，不以取强。果而勿矜，果而勿伐，果而勿骄，果而不得已，是谓果而不强：本句传世版本通常作"善，有果而已，不敢以取强。果而勿矜，果而勿伐，果而勿骄，果而不得已，果而勿强。"本文据简本改之，其整体意思和文法结构都较传世版本更为合理。

⑧ 好：达到预期的合理目的。《说文》曰"好，美也"，"美"与"善"同义。

⑨ 还：回归。在本文中意为运用军事武力等非常手段达到合理目的就停止行动，重新回归和平发展的常态。

⑩ 壮：鼎盛、极限。

⑪ 老：衰老，衰亡。

⑫ 早已：早死。过早的终结。

　　本章《老子》以人类社会的军事战争为例来阐述自己的思想。军事战争是政治的延续，而政治则是人类社会所独有的事物。《老子》虽然倡导人类社会的"无为而治"，但无论政治、军事，本质上都是人类社会发展过程中必然出现的事物，因此也是"道"的一部分，但却属于"有为"的范畴。真正以"道"的客观规律和价值观来指导自身行为实践的"圣人"，即使掌握了强大的政治和军事资源，也不会滥用这些资源满足一己之私心、私利，而为所欲为。政治、军事都是一种人类社会解决问题的必要方式和手段，但在具体运用时应当有一个度，否则背离了"无为之道"而进入了妄为的范畴。而这个度，就是文中所谓"其事好"的"好"字。古文"好"与"善"同义，前文中我们讨论过，《老子》之"善"谓之"上善"，不同于世俗之善，乃是一种客观的、不带有主观感情色彩的、中性的"善"。因此无论政治行为还是军事手段，只要达到了以"上善"为标准

的预期目的，就应当及时回归"无为而治"的方法上来，这也是本章强调的"善者，果而已"，也是前文中《老子》讲的"知常"。一旦越过了"上善"的标准，有所作"为"就会彻底沦为"妄为"，就是《老子》提醒我们的："不知常，妄作，凶！"

在我们的日常观念中历来有"天理循环"和"物极必反"的定律，这也是"道"表现出的规律法则，是以《老子》提出"物壮则老"。那么这个规律为何又"是谓不道"呢？《老子》认为，虽然事物的生死循环也是"道"的一部分，但从根本上来说，"道"的主旋律其实始终是发展与进步，而非终结或停滞，"夫唯道，善，贷且成"。超越了"善"这个标准，事物就发展到了极端，必然要开始走向衰败，便是"不道"，必然会被"道"的发展规律所逐渐淘汰而走向终结。

第三十一章

夫唯兵①者，不祥②之器，物或恶之③，故有道者不处。

君子居则贵左，用兵则贵右。兵者不祥之器，非君子之器，不得已而用之，恬淡④为上。胜而不美⑤，而美之者是乐杀人。夫乐杀人者，则不可得志于天下矣。

吉事尚左，凶事尚右；偏将军⑥居左，上将军居右，言⑦：以丧礼处之。

杀人之众，以悲哀莅之；战胜，以丧礼处之。

----

① 夫唯兵者：传世版本作"夫佳兵者"。清朝训诂学者王念孙指出"佳"应当是"唯"字在传世过程中出现的错讹，此说可取，故本文依据这一观点改之。

胡适在其著作《中国哲学史大纲》中引用了王念孙的研究结论：《老子》三十一章："夫佳兵者不祥之器。"《释文》："佳，善也。"河上公云："饰也。"念孙案，善饰二训，皆于义未安……今案佳字当做佳，字之误也。佳，古唯字也。唯兵为不祥之器，故有道者不处。上言"夫唯"，下言"故"，文义正相承也。八章云："夫唯不争，故无尤。"十五章云："夫唯不可识，故强为之容。"又云："夫唯不盈，故能蔽不新成。"二十章云："夫唯不争，故天下莫能与之争。"皆其证也。古钟鼎文，唯字作佳。石鼓文亦然……（王念孙《读书杂志余篇》上）。

② 不详：不吉利、不美好；引申为不符合"道"的价值观。

③ 物或恶之：被"道"的客观规律和价值观所排斥和抛弃。物，"道"的代称。《说文》：物，万物也，牛为大物，天地之数起于牵牛，故从牛；恶（wù）：排斥、厌恶，与"好（hào）"相对。

④ 恬淡：指"怀静安处"的价值观和行为方式。"是以君子终日行不离其静重，唯有怀静安处则昭若"——《老子·第二十六章》。

⑤ 胜而不美：不可因军事杀戮的胜利而洋洋自得。

⑥ 偏将军：古代官阶较低、主要从事参谋、辅佐或后勤工作的军官。

⑦ 言：这就叫做……

兵者，军事杀伐。古今中外，军事战争必然伴随着生灵涂炭，无论是敌人死亡还是无辜百姓死亡，都是人与人之间的残杀。人皆有一死，生死都是"道"的规律，但人不应该轻易决定他人的生死。军事战争也好，律法刑名也好，这些人类社会独有的决定他人生死的情况是人类社会必不可少的一部分，也在一定程度上符合"道"的规律。在自然界，食肉动物扑杀猎物，或者为了保护自身而攻击其他动物皆是为了生存这个最朴实、最原始的目的，除此之外动物不会发动无谓无故的攻击行为。但在人类社会中，却往往出现一些欲壑难填的人或利益群体，为了满足其私利妄欲而不断掀起无端的战争杀伐，这必然是违背人类文明主流价值观的，更是违背了"道"的客观积极的发展规律的。因此有道之人应该尽量本着"怀静安处"的原则而远离和避免这样的事情。即使不

得已而为军事杀伐之事，取得了军事上的成功、律法上的正义，也要明白这终究是有违"道"的精神的，仅仅是手段而非目的，因此要以悲哀、谨慎的态度处之，而不能以此为乐，否则必然将被文明和历史的潮流所抛弃而走向灭亡。

《周易》分八卦方位，体现着中国古典哲学的价值观。古代君王位于坤卦之位，面朝象征天、天道的乾卦之位。文臣居于君王左侧的离卦之位，武将则站在右侧的坎卦之位。"离：利贞，亨。畜牝牛，吉。"离卦象征着繁荣和发展的积极态势。"坎：习坎，有孚维心，亨。行有尚。"坎卦象征着前途凶险，但若以真诚、积极的态度来处置，也能得到良好的结果。

第三十二章

道，常"无"①，名"朴"。虽"小"②，天下莫能臣。侯王若能守之，万物将自宾③。

天地相合④，以降甘露，民莫之令而自均。

始制"有"名，名亦既"有"⑤，夫亦将知止⑥，知止可以不殆。譬：道之在天下，犹川谷之于江海。

---

① 道，常无：在宏观上，"道"是以"无"的抽象形式体现的。《周易》云："形而上者谓之道，形而下者谓之器"。"常"，即"道"的宏观态。

② 小：无法以寻常的方式进行观察和认知。《说文》曰："物之微也。"《第十四章》即对"无"和"小"概念的论述。《第三十四章》曰："衣被万物而不为主，可名于小。"

③ 宾：归顺，顺从。

④ 天地相合：中国古典哲学以《易》的思想观念为基础，以乾、坤喻天、地；天地相合为"泰"，《易·泰·象》曰"天地交，泰"，寓意天地万物的和谐统一。

⑤ 始制有名，名亦既有：从抽象的"无"衍生出了具象的"有"，宇宙万物就形成了一套完整的"秩序"，也就可以被定义和认知。"制"，系统完整的秩序形式，即"大制不割"。"名"，对具体事物进行定义。

⑥ 知止：事物可以被定义和认知，即可认识其合理的界限；认识了合理的界限就要以其规范自身的言行。

　　"道"，通常以"无"的形式体现，人们也要学会从"无"的抽象角度去认识之。道的另一个称谓即"朴"。抽象的"无"看似微小不彰显，但其作为一切运动的最高规律却在宏观的角度上固定守恒，不以任何人的意志为转移。

　　在《老子》时代的朴素的宇宙观认为，当天地交泰、顺应"道"的规律的时候，就会有雨水降下滋润万物。人类社会也是同理，只要顺应"道"的发展的客观规律，无须过多无谓多余的干涉，人类社会自然会向前发展。

　　当万物形成，以"有"这个具象的形象出现，人们就要客观地看待和定义万物，区分不同事物的定义和界限，既要顺应发展潮流，又要知止，不超越事物本身的客观界限，以客观的角度看待万物、看待自己，真正地认识自己，形成完整的、正确的人生观、价值观和世界观，如此才能顺应时代的潮流健康发展而不停滞。这种有无辩证的客观之道支配下的自然界，如同江海虽大，一时泛滥可以改变流向，但随着流向的改变，虽然旧的河道被淹没，但最终又有新的河道和堤岸形成，从宏观来看其运动方向永远无法超越河道与海岸的范畴。

第三十三章

知人者，智；自知者，明。

胜人者，有力；自胜者，强。

知足者，富。

强行①者，有志。

不失其所②者，久③。

死而不亡者④，寿。

---

① 强行：战胜自己"不道"的想法和观念，坚持以"道"来指导
自身的言行实践而不动摇。"强行者"即上文"自胜者"。

② 所：根本性的道理和方法。例：知其所以然。本章指合乎"道"
的客观规律和价值观的思想行为。

③ 久：得到长久、持续的发展和进步。

④ 死而不亡者：生命终结而其思想和美德继续流传。

在人类的社会活动中，人与人之间的互动永远是最
重要的主体。知人、胜人，通过竞争来使自己获得利益
和前进，是推动社会和文明前进发展的原动力之一。一
样米养百样人，人性是高度复杂与多样的，因此要做到

"知人"无疑需要高度的智慧，才能洞悉人性，使人为我所用；从最原始的角斗，到现代化的战争，强大的力量是胜利的重要条件，无论是肌肉的力量、思想的力量、武器的力量，莫不如此。

然而正所谓"人贵有自知之明"，前文我们分析过，在中国古典哲学观念中，日月所代表的一切相生相反的辩证关系协调统一，才能谓之"明"。要想得到"明"的结果，就必须让自己站在客观、中和的立场上，摈弃主观情绪的影响，方能得见"庐山真面目"。但人类本身的思维方式往往是主观唯心的，以这种角度来看待自身，很难做到全面与客观。而将自身从主观的角度抽离出来，摆在客观的位置上来看待和认识自己，这无疑是非常困难的。"人最大的对手其实是自己"，正因为人性的特殊，人们往往无法看清或刻意忽略自己存在的问题和毛病，而自觉或不自觉地让自己的行为受到主观情绪好恶的影响，对欲望的产生和膨胀不加以节制，最终"祸莫大于不知足，咎莫大于欲得"。背离了"道"的积极发展规律和价值观，被自身的人性中消极的一面所打败，"不知常，妄作，凶"。历史上多少英雄人物，其智其力征服了世界，在自我实现的过程中登顶，但最终却走入人性的歧途而败给了自己，湮灭于历史的长河。此诚不可不引以为戒。

《周易》曰："天行健，君子以自强不息。"故而在《老子》看来，"胜人者"顶多算是"有力"，"自胜者"却"配天"（"天行健"，天之德也），方可称之为"强"。"天之道，奉不足而损有余"，正确认识并战胜自身的缺点和毛病，节制人性中不符合"道"的价值观的消极负面的欲望，跟随"道"的客观发展规律来获得自身合理利欲的满足——《老子》谓之"知足""知止"，即可"富"而"不殆"。

　　"自知""自胜""知足"，即知"道"。在思想上对"道"的客观规律和价值观有了高度的认识，并且身体力行，坚持以"道"来指导自己的言行而不动摇，这就是《老子》所谓"强行"，方可称之为"有志"。前辈学者认为本章的"强行"当作"勤行"，以为"强"与"勤"古文通假。按照我们上面的分析来看，此说不可取。

　　最后《老子》总结：无论人或万物，不脱离"道"的客观规律、不违背"道"的价值观，才能获得长久、可持续的发展；哪怕自身的生命终结，但其产生的影响也将跟随"道"的发展大势继续在历史的长河当中发挥积极的作用。

第三十四章

大道氾^①兮，其可左右^②。万物恃之以生而不辞，功成而不有。衣被万物而不为主^③，可名于"小"；万物归焉而不为主，可名为"大"。以其终不自为"大"，故能成其"大"。

---

① 氾：同"泛"，广泛、遍布之意，形容"道"包罗万象、无远弗届。
② 左右：同"佐佑"，辅佐和护佑。
③ 不为主：不将自身置于"主宰"的地位。与《第三十章》"以道佐人主者"的"主"有所区别。

本章，老子又以一个"大"字来赋予"道"更广泛的内涵。"道"是万物诞生、发展、循环的根本规律，其以自然而然的方式引领万物的繁衍生息，但却并非寻常意义上的某种主宰者的"大"角色，是一种"非意志"的存在，因此"道"以其在自然界中不彰显的、润物细无声的特点，又显得微小而难以被认知。但正是这种不彰显、自然而然的存在方式却是一切天地万物的根本。"道"既是纯粹的本质，又是最终的目的，因此其看似"小"，但却又"大"得不可捉摸。而人们在按照"无为""不争"这

些"道"的规律来行事之时，看似与世俗眼光中的价值观相反，但其实却是真正正确的行为方式。

我们知道，《老子》哲学思想强调对立统一、相对而论的唯物主义辩证哲学观，本章《老子》强调了"大"与"小"这样一组概念。如同第二章中老子对一系列类似概念的阐述和总结，大与小也同样是对立统一和相对而论的。例如我们从《老子》的宇宙观来说明，所谓"道"之"大"，我们可以视之为宏观尺度的宇宙本身；而"道"之"小"则可以视为微观尺度的基本粒子。"大道氾兮，其可左右万物"，"道"作为根本规律和法则，在宏观尺度上主导了整个宇宙的诞生和发展，而构成宇宙万物的所有微观尺度上的基本粒子，其表现出的奇特的运动方式和特有的量子力学形态也自有其"道"。这种宇宙之"大"与基本粒子之"小"也无时无刻不在发生相互作用，才能形成物理学角度的协调统一，共同构成我们所认知的宇宙万物。同时《老子》在本章中又再次向我们强调，宇宙万物虽有我们人类认知上的大小之分，但无论是基本粒子构成壮丽无垠的宇宙，还是万物分解为神秘奇妙的基本粒子，都是遵循了客观唯物的"道"的规律和法则。当我们认识到了这一点，我们会不由得感叹"道"之"大"，而在日常的生活当中，往往又会忽略这种认识，因此可以名为"小"。但无论我们如何认识"道"的概念，也无论我们认识的程度有多深，"道"就是按照自身的客观规律永恒地推动宇宙万物的发展和运行，而非超意志或超自然的。

第三十五章

执"大象"①，天下往②。往而不害③，安平泰④。

乐与饵，过客止⑤。道之出⑥，口淡乎其无味，视之不足见，听之不足闻，用之不足既。

---

① 大象：万象，伟大的真理。"天垂象，见吉凶，圣人象之"——《周易·系辞上》。

② 天下往：世间万物生生不息，发展进步。"往，之也，从彳"——《说文》。本意为草木生长，引申为发展化育。

③ 不害：有利无害。害，与"利"相对。"利，铦（xiān）也，从刀，和然后利，易曰，利者义之和也"——《说文》。

④ 安平泰：安宁、平和、交泰。一些前辈学者认为"安"字古义通"于是""乃""则"，作连词使用。然而《老子》其他章节出现的"安"已经具有了"安宁"的意思，二十六章"唯有怀静安处则昭若"、六十四章"其安易持"、八十章"安其居"皆可为证。

⑤ 过客止：路过的人被吸引而停下前进的脚步。

⑥ 道之出："道"展现出的客观规律和价值观。出，展现、显露。"月出之光"——《诗经·齐风·鸡鸣》。

《周易·系辞》曰："天垂象……圣人则之"，无论是自然万物还是人类社会，只有按照"道"的法则才能获得真正意义上的发展和前进。"道"的本质即推动万物不断前进和发展，因此顺应"道"的大趋势和大潮流必然是有利而无害的。正如孙中山先生的名言："天下大势，浩浩汤汤。顺之者昌，逆之者亡。"

相比于"道"的价值观来说，"乐与饵"以及权力、财富、美色这样的被社会大众所推崇的价值观和价值追求，其实就是《老子》所说的具象、具体的"有"，往往对人们更有吸引力。这些事物是必然会存在于社会当中的客观现象，因此《老子》并不反对，只是倡导人们可以加以合理利用，使之成为推动社会发展前进的助力，但不应该将之当作社会和自身的主要甚至唯一的价值观而过分追求和执迷其中。而"道"的价值观却对应与世俗相对立的"无"。"无为""不争"这些行为方式几乎无法带来显著明确的世俗利益，其本身也看不见摸不着，玄之又玄，无法起到令"过客止"的效果，难以被社会广泛接受和认同，正如上一章所说"可以名于小"，但"道"真正的价值却是无法用寻常标准来估量的，其真正发挥出的隐性作用也是无比巨大的。

尽管"大象"——"道"对于社会一般大众毫无吸引力，但"道"却始终客观存在，承托着包括人类社会在内的世间万物发展化育。《老子》认为人类文明和社会应当由"圣人"引领前进，因此"圣人"就需要"执

第三十五章

117

大象"，秉持"道"的发展规律和价值观，与"我自然"的社会大众辩证协调、共同进步。如此，即使大众沉迷于"乐与饵"而驻足不前，社会和时代也不会消极停滞，而是将始终朝着有利无害的大方向、大趋势不断发展，进而得到"安平泰"的宏观美好前景。

第三十六章

将欲①歙之，必固②张之；将欲弱之，必固
强之；将欲废之，必固举之；将欲取之，必固
与之。是谓微明③。

柔弱胜刚强。

鱼不可脱于渊，国之利器不可以于人④。

---

① 将欲：将要、即将。指事物未来会出现的转变情况和趋势，而
非特指人的主观意愿。

② 必固：必然、肯定。本章开头数句都是在陈述事物变化的客观
规律，这种变化规律是被"道"的客观规律所固定的，因此
《老子》连用"必""固"这两个同义词来强调这种规律的客观
恒定的特性。

③ 微明：即"微言大义"，细微而不易被认识和察觉，但却是明白
无疑的客观真理。微，精微、微妙。

④ 国之利器不可以于人：国家强制力不可凭借主观意愿随意施加
给人民大众。"国之利器"，即现代政治定义中的"国家强制
力"，一个国家的统治阶层或领导机关通过政治保障力量和暴
力机关（军队、警察）对国家政治、经济等方面进行强制性约
束与管理的权力。"以于人"，即施加于人民大众。以，施为、
施行，"视其所以"——《论语·为政》；"以迄于今"——《诗
经·大雅·生民》。

本句传世版本作"国之利器不可以示人",前辈学者通常释为"国之利器不可以向人炫耀",但似乎与前一句"鱼不可脱于渊"无法对文,也与"柔弱胜刚强"文义不合。鱼可以根据自身主观而随意游动,水则根据客观物理规律进行运动,故而鱼对应"刚强"而水(渊)对应柔弱,"天下柔弱莫过于水,而攻坚强者莫之能胜"——《老子·七十八章》。鱼离开水即死,正合"柔弱胜刚强"之理。相比于处在被统治地位的人民大众,国家强制力属"刚强",而"人"即人民大众属"柔弱"。但历史上无数事例告诉我们,国家强制力一旦肆意妄为,最终必然将被人民大众所推翻,这同样是"柔弱胜刚强"之理。故而本文认为传世版本最后一句可能是历史传承过程中因古文"示"和"于"字形相近而出现的讹误。例如《老子·四十一章》"大器免成"即此类情况。

所谓"柔弱胜刚强",是《老子》哲学思想中的一个重要的辩证观点,在许多章节中多有论述。本文在其他章节对这种辩证观点进行过探讨和分析,所谓"柔弱"并非片面教条的字面意思,而是引申为有弹性、有韧性。正如现代物理学揭示的观点:作用力永远伴随着反作用力,二者大小相等,方向相反。二者相互消解形成的(抽象的)稳定状态,就是中国古典哲学思想中"和谐"观点的一种体现。对这种事物客观规律的准确认识和恰当应用,就是"圣人"参与社会实践、"治人事天"的合理方式。

《老子》倡导应当由认识和掌握了"道"的客观发展规律和价值观的"圣人"来引领文明和社会的发展进步。但"圣人"也会受到人性中许多"不道"的本能与欲望的影响,因此《老子》在本章再次提出告诫:"柔弱胜刚强。"而对于古往今来绝大多数掌握国家强制力，同时又不以"道"为本的统治者来说，这一告诫更尤为重要。

《老子》以鱼和水的关系为例，"上善若水"章提出，水是一种纯粹根据"道"的客观物理规律运动的事物，"故几于道"，代表着客观、柔弱的一方；鱼可以在一定程度上根据自身"意愿"随意在水中游动，溯洄从之，抑或顺流而下，皆发乎鱼的本能天性。相比于水，鱼则代表着主观、刚强的一方。但无论鱼的"主观意愿"如何刚强都必须顺应"道"的客观规律而不能离开承载它的水，否则就会死亡。人类的文明和社会也是同理。人类在发展进化的过程中组织形成社会，社会承托着每一个人的生存。广泛复杂的社会必然建立起行政制度来规范和约束生活其中的人们的行为，因此"国家强制力"就必然出现。相比于少数人掌握的国家强制力，一般社会大众当然是"柔弱"的。国家强制力可以根据掌握者的思想和意愿而作用于社会大众，因此其很大程度上是"主观"的。社会大众往往只能在国家强制力的规范和约束下生产生活，因此可属"客观"。如前文所述，社会制度、国家强制力的出现本质上是为了满足文明和社会的发展进步的需要而出现的，可一旦掌握权柄的人滥用权力、肆意妄为，过分地把自己的主观意愿通过强制力施加于社会大众，那么必然会引起同等力度的反弹。这就是《老子》在后文中所说的"为之败之，执者失之"，结果就是社会动荡、社稷倾覆。

第三十七章

道常无为而无不为。侯王若能守之，万物将自化①。

化而欲作②，吾将贞③之以"无"，名之"朴"。

夫亦将不欲，不欲以静，天下将自正。

---

① 自化：自然衍化、化育。

② 欲作：欲望产生并超越了符合"道"的价值观的合理界限。作，起也——《说文》。

③ 贞：原意"占卜"，本文可引申为以"天道"约束之。古文可同"正"，本文也有"正"的部分涵义，纠正、改正。从一，从止，喻意得一而止。《第三十二章》："夫亦将知止，知止可以不殆"；《第三十九章》："天得一以清……侯王得一以为天下正"，皆与本句呼应，但与后一句"天下将自正"矛盾，故而用"贞"最为恰当。传世版本多作"镇"，带有强迫性的镇压、约束之意，不合《老子》全文主旨，故据简本改之。

《老子》作五千言，以讨论其朴素的唯物主义哲学思想。虽然在我们现代人看来，其思想是"朴素的"，但在两千多年的流传过程中，其客观唯物主义的思想无

时无刻不在与人类社会主流的主观唯心主义进行着交锋。"道"的客观规律推动着我们从远古时期最初的单细胞生命形态逐渐进化为具有高度智慧的文明人类，但"智慧"却蒙蔽了我们的眼睛和心灵，使得我们反而无法看清"道"的存在，甚至对"道"的存在持"大笑之"的态度。"大道甚夷，而民好径"，"百姓皆谓我自然"，这是人类文明发展过程中必然出现的特征现象，因此是符合"道"的客观规律的。但正因为"道"的发展规律决定着一切事物的发展前途和命运，顺应之，则"往而不害，安平泰"；悖逆之，则"不道早已"，因此人类文明也必须及时认识这一点，才能得到长久、积极的发展，否则迟早会被历史所淘汰。

正是因为"道"赋予人类独特的"智慧"，因此在我们的文明发展过程中，总会及时出现一些"有道之人""圣人"，通过学习和思考来认识"道"的客观存在和其彰显出的价值观，并整理成完整的理论来供人们共同学习和进步，及时使已偏离了"道"的客观发展规律的社会整体重新回归"大道"。《老子》便是其中的代表。在其生活的周朝末年春秋时期，是个动荡不安、战乱连年的时代，《老子》以其高妙的智慧和思想悟得"大道"，并将"道"的思想理论和价值观注入了我们这个古老文明的血脉之中。其身故至今的两千余年间，中华文明在发展过程中经历了无数的兴衰与苦难，但始终文脉不断、香火不绝，虽然在此期间，其哲学思想从未占据整个社会的主导地位，但却"道隐无名"，从我们的血脉之中庇佑和推动着中华民族的发展进步。

"无为"，是"道"表现出的客观规律的主要部分，也是"道"的核心价值观之一。但无论是《老子》成书时代，还是我们生活的今天，这一哲学概念往往会被人们误解为"不作为"的消极态度和方法。于是《老子》在本章首句即强调"道常无为而无不为"，这就是说"道"的常态是以"无"这个哲学概念为出发点的，所谓"无为"其真实含义是以"无"为之；而与"无为"对应的"为"的哲学概念，其真实含义即"妄为"。因此"道"的客观发展规律即以"无"的哲学形态和价值观来为之，而非我们寻常观念当中的"不作为"。

在本章第一句解释清楚了"无为"的哲学观念和价值观，《老子》倡导人类文明和社会应当遵循"道"的客观规律和价值观，才能得到"长生久视"的发展；而如同我们上文所说，"道"的发展规律和价值观并非我们社会的主流哲学思想和价值观，社会大众往往都是"我自然"的。《老子》倡导"圣人"来领袖文明和社会，但在社会现实中扮演领袖角色的人却往往不是"圣人"，而是世俗政治活动中的"侯王"，因此《老子》希望以"侯王"为代表的人类社会的领袖和统治者们应当首先做到"尊道贵德"，进而"以道莅天下"，如此整个社会的人民大众即可自行化育发展，而不至于引发"不道早已"的消极后果。

对于在发展过程中人们出于对私利私欲的追求而出现的那些悖逆"道"的客观规律和价值观的现象——《老子》谓之"欲作"——只要负责引领文明和社会发展进步的"圣人"以符合"道"的价值观的方式来主动进行引导，就可以压制和排除这些因私利私欲而引起的妄念和妄为——"亦将不欲"，如此就能使"万物自正"，重新回到"静"，即安宁、平和的积极发展之路。

第三十八章

上德不德，是以有德；下德①不失德，是以无德。

上德无为而无以为②；下德无为而有以为。

上仁为之而无以为；上义为之而有以为。

上礼为之而莫之应，则攘臂而扔之③。

故失道而后德④，失德而后仁，失仁而后义，失义而后礼。夫礼者，忠信之薄，而乱之首。

前识⑤者，道之华，而愚之始。是以大丈夫处其厚，不居其薄；处其实，不居其华。故去彼取此。

---

① 下德：指世俗的道德观念，以儒家思想为代表，而非《老子》倡导的"惟道是从"之"德"。

② 无以为：以"无"为之。后文"有以为"即以"有"为之。

③ 攘臂而扔之：抓住手臂强迫其行为。"扔"，引也。

④ 失道而后德：即上文所谓"下德"。

⑤ 前识：以往的常识和观念。仁德礼义虽然通常被归类为儒家思想观念，但这种观念或类似的观念古已有之，而非孔子首创，孔子和其学生只是将之归纳总结以系统化。"前"，过去的，以往的。识，《说文》："常也，一曰知也。"

在前文中我们讨论过，"上善若水"，《老子》在"善"前用"上"，就将"道"之"善"与世俗之善拉开了层次，重新进行了定义，给出了"道"的价值观。而本章之"上德"也是如此。在本文中，我们认为《老子》所谓的"德"是人对"道"的规律和价值观的一种较为具体的认识和行为标准——"孔，德之容，惟道是从"，人的行为和价值观顺应了"道"，即可评价这个人有"德"。然而"德"与"善"一样，都有其世俗的定义方式。"上善"在于"不争"，那么"上德"又是什么标准呢？《老子》在本章进行了具体的讨论。

《老子》在本章开头即说："上德不德，是以有德；下德不失德，是以无德。"何解？"上德"或曰"道之德"与"下德"或曰世俗之德，都是一种对人的行为方式的评价，"万物莫不尊道而贵德"，也即是说"道"是"上德"之纲纪和根本，人只要遵从和顺应了"道"的价值观和发展规律，将自身自然融入"道"的发展趋势当中，那么自然而然就是"有德"。是以"上德"并不以得到"德"这个评价为最终目的，而是自然而然地使自身达到"天人合一"的状态和境界。"下德"不以"道"为本，不是自然地顺从"道"的发展趋势和潮流，而是为了德而德之，将"德"当作自身的最终目的，那么这种带有明显功利性、利益性的态度和方式自然无法达到"天人合一"的境界。《老子》曰"圣人为腹不为目"，任何人都需要吃饭进食才能保持身体健康不受损害，这是客观的自然规律，"圣人"吃饭仅仅是顺从了这种客观规律，而不是为了达到吃饭这个目的而吃饭，更不会刻意追求饭菜的色香味等，就是这个道理。

"道"的两大核心价值观即"不争"与"无为"。因此"上德"之人也同样需要实践这两点。在本章第二句中的"无以为"和"有以为"，其实应当理解为"以无为之"和"以有为之"。如此第二句即是"上德无为，以无为之；下德无为，而以有为之"。上德与下德之人都是遵从了"无为"的价值观，何以分出上下？就像我们前面讨论的，上德之人的"无为"是发乎自然的，不但实践"无为"，而且自身的态度和出发点本身就是"无为"，不带有功利性和目的性，纯粹的自然而然。而下德之人在实践中看似"无为"，但这个"无为"其实仅仅是一种刻意的方法和手段，是为了"德"这个目的服务的，因此其"无为"的本质恰恰是一种"有为"。

"无为"之"德"尚且有高下之分，那么世俗价值观当中属于"有为"性质的仁、义、礼又如何呢？仁义礼根本上都是以儒家思想为代表的主观唯心主义的价值观。《老子》虽然对这些主观唯心主义的价值观不以为然，但并非不承认其积极正面的价值取向，因此称为"上仁""上义""上礼"，在讨论中直接无视了消极负面的假仁假义假礼。正因为仁、义、礼都是主观唯心的价值观，因此在实践中都需要刻意为之，都是与"道"的价值观相反的"有为"。具体来说，"上仁"在实践当中尚且可以通过"以无为之"的刻意方式而尽可能地接近"圣人不仁"之"为"。但"上义"则必然需要"以有为之"、身体力行，甚至必须违背"道"的客观发展规律，才能体现"义"的主观唯心的价值内涵。

同样是主观唯心的价值观，仁与义往往只是对自身的要求，更多的时候还是一种高尚的自我要求，但到了"礼"，就成为对整个社会的行为规范和要求。礼者，封建礼教也，是少数人从主观出发制定的、却要求整个社会都必须遵守和参与的价值观和秩序体系。人们为什么要尊奉那些封建礼教？答案就是莫须有！然而百姓本质上是一种"我自然"的状态，并不会自动去尊奉带有强烈主观唯心主义色彩的封建礼教——"莫之应"，于是统治阶层就需要"攘臂而扔之"，运用各种强力手段来束缚和强迫大众——彻头彻尾的"不道"和"有为"。在这种"不道"的礼教的束缚和蛊惑之下，自然就衍生出各种愚忠、愚信、愚智、愚孝等一系列背"道"而驰的价值观。当人们被这些主观唯心主义的思想衍生出的消极负面的产物所蒙蔽的时候，就更加无法认识和运用"道"的发展规律和价值观，于是就自然会出现"天下无道，戎马生于郊"的后果。故而《老子》抨击以封建礼教为代表的这些主观唯心主义的思想价值观——乱之首、愚之始。

但是抨击归抨击，《老子》依然承认仁、义、礼这些主观唯心主义的价值观是人类社会与文明发展过程中必然会出现的,因为"大道甚夷,而民好径",虽有悖于"道"的价值观,但却是一定程度上合乎"道"的客观发展规律的,用我们今天的话说,是合乎"历史唯物主义"和"辩证唯物主义"的。这种现象和情况是本质即主观唯心的人类文明所独有的,因此"域中有四大,而人居其一焉"。《老子》总结和推导:"故失道而后(下)德,失德而后仁,失仁而后义,失义而后礼。""道"或"上德"的客观规律和价值观是极少数"圣人"才能认识和掌握的;比之更低一等的"下德""仁""义"也是少数人才能做到的,即便如此已经可以被吹捧为世俗价值观当中的圣人了。更次一等的封建"礼教"观念才是与社会大众发生关系的,虽然"不道",但也有其存在的必然性与合理性。因此《老子》将"下德""仁义""礼教"称之为"道之华",虽然是客观存在的、有其合理性的,但终究不符合"道"的价值观,故而老子倡导大丈夫应当"去彼取此",摈弃"道之华"的部分,重新认识和掌握"道"的价值观和客观发展规律——"道"之"厚"与"实",做一个"上德"之人。

第三十九章

　　昔之得一者——天得一以清，地得一以宁，神得一以灵，谷得一以盈，万物得一以生，侯王得一以为天下正[1]。

　　其致之[2]也，谓：天无以清，将恐裂；地无以宁，将恐废；神无以灵，将恐歇；谷无以盈，将恐竭；万物无以生，将恐灭；侯王无以正，将恐蹶。

　　故贵以贱为本，高以下为基。是以侯王自称孤、寡、不穀，此非以贱为本邪？非乎？故至誉无誉。

　　是故不欲琭琭如玉，珞珞如石。

---

[1] 正：王弼本作"贞"，马王堆帛书本作"正"。古代汉语"贞"本意"占卜"，可同"正"，但比"正"多了一层以"天道"使其正的含义。

[2] 致之：进一步推导而得出结论。

《老子》云："道生一，一生二，二生三，三生万物。"我们说，"道"既是本体论，又是认识论。而本章强调的"一"即是"道"的认识论。天何以为天，地何以为地，人类何以为人类？皆是因为以"一"为代称的"道"的客观规律和法则的发展和作用所产生的结果。正是由于"道"的客观规律和法则，宇宙才得以创生并达到当前这种相对稳定的宏观形态——天得一以清，地得一以宁；人类文明和其他物种才得以形成，自然界的万事万物才得以不断发展和进化——神得一以灵，谷得一以盈，万物得一以生。具体到人类文明这种拥有智慧的生命形态，领导人类社会的圣人与领袖只有得一，才能引领整个文明不断进步和发展。反向推导，如果没有了"道"的客观规律和法则，那么宇宙将是一片洪荒和混乱，人类将停留在蒙昧的原始状态而无法形成文明，自然界的动物植物无法形成生存的本能，必然灭绝。人类社会背离了历史发展的客观规律，必将天下大乱、生灵涂炭。

《老子》的这种论述，就是为了说明"道"的客观规律和价值观对于人类文明乃至整个宇宙的巨大作用和价值，并且再次强调了"道"的规律是一切事物的内在本质这一要点。于是《老子》倡导，人类社会和文明要想获得长远的发展和进步，必须要认清并遵循"道"的客观发展规律和价值观。

历史唯物主义的观点告诉我们，人民大众才是一切历史的创造者，而非那些王侯将相或英雄人物。因此，《老子》认为人民构成的社会主体，其发展过程中所经历的时代、路径、文化思想就是本章这个"一"的集中反映。政权的统治者或者引领社会发展前进的"圣人"，他们的一切成就和命运，都离不开人民。没有了人民大众的客观实践，脱离了所处时代的客观状况，高高在上的大人物们也就都成了无源之水、无根之木，他们的一切理想与行动都只能沦为自说自话、自欺欺人的空想与泡影。同时，一切青史留名的伟大人物，都是因为其言其行有益于社会和人民大众，因此才能在历史当中脱颖而出，被人民所拥戴和铭记。反过来，如果一个人把追逐名誉利益作为目的而沽名钓誉、欺世盗名，抑或是自以为是、孤芳自赏，以高高在上的态度俯视众生，那么自然无法得到大众的认可和历史的肯定，最终只能湮没在滚滚红尘之中。

"至誉无誉"，换句话来说就是以"无"为"誉"——遵循"道"，必然会得到"道"的推动而得益。

因此《老子》要求"侯王"与"圣人"，要时刻以"道"的客观发展规律为根本原则，把"道"的价值观引入自身的思想实践当中，清醒地认识自身与人民大众的关系，把自己摆在一个正确的位置上，明白并通过自身实践来帮助社会得到整体发展进步，同时通过社会的整体发展反过来促进自身的发展进步。这种领袖与人民大众之间和谐共进的社会关系，"不欲琭琭如玉，（而要）珞珞如石"，就是所谓"得一"的最高境界。

第四十章

反①者，道之动②；弱③者，道之用。

天下万物生于"有"，"有"生于"无"。

---

① 反：包含两层意思，相反，呈对立关系；同"返"，返复。《说文》："反，覆也。""覆"同"复"。

② 动：运动方式。《说文》："动，作也。作，起也。起，能立也。"

③ 弱：柔弱。本意指树木的细枝。《说文》："弱，桡也。桡，曲木也。"

　　本章是《老子》运用朴素的辩证法来论述"道"的运动规律和作用方式。很多学者在论述本章时，常从我们日常使用的现代汉语的最寻常的字面意思来解读。"反者，道之动"就是"道"向着相反方向运动；"弱者，道之用"就是"道"以其柔弱居下的一面来发挥作用，以此认定《老子》走入了一切柔弱的事物都可以战胜刚强的事物这一绝对教条的误区，殊不知这种认识才是误入歧途，仅仅从表面来看待本章的词句，而没有真正地以《老子》的辩证法来深入探索和思考。

在古代汉语中，一个字所表达出的内涵往往极为丰富，一句看似大白话其实可能需要我们仔细推敲才能寻得其本义。回到本章中，我们不妨试着讨论一下。"反者，道之动"，首尾的"反"与"动"看似简单明了，实则需要我们慎重看待。《说文》中"反"者，"覆"也，"覆"即"覆盖"也是"翻转"之意。同时"覆"亦通假"复"。而"动"者，"作"也，"作"者，"起"也，"起"者，"能立"也。"起"在古代汉语义中指坐着——站立起来这个动作。因此我们知道，本章的"动"字就包含了两层意思，一是指"道"的运动和作用的方式，二是用以强调这种运动和作用的方式是真实可靠、毋庸置疑、绝对成立的。如此我们就知道，所谓"反者，道之动"即是说万事万物都在"道"的根本规律下不断地发展和运动，而在这一过程中，人们所认识到的事物的外在形象和内在本质也在不断发生变化甚至是翻转。虽然我们作为观察者所处的立场不同，看待事物的角度不同，事物表现出的形式也不同，但"道"始终都按照自己的客观规律进行着运动，不受任何其他因素左右。

运用同样的方法，我们再来看"弱者，道之用"。《说文》云："'弱'者，'桡'也，曲木也。"《周易·大过》曰："栋桡，本末弱也。"也就是说这个"弱"字在古汉语中本意指处于树木末端的细枝。三国时期李康《运命论》云："木秀于林，风必摧之。"《老子》云："木强则折，坚强处下，柔弱处上。"只有坚强的树干处于树木整体的下方，树木才能直立生长，而生长到一定程度就要在顶端长出柔弱的树枝，否则就要被风吹折，或被自身重量压垮，这是自然规律，也就是"道"的规律和法则。因此我们就知道，本章之"弱者"绝非仅仅强调柔弱而忽略刚强，而是以一个"弱"字来同时代表强与弱之间对立又统一的辩证关系。《说文》曰："用者，可施行也，从上从中，上中乃可用也。"上中这个位置正是树木较为柔弱的树枝部分，如此就对应了前面我们对"弱者"的分析。同时我们也要注意到，虽然"上中可用"，但绝不等于"下端无用"。上下、强弱这些抽象概念本身都是对立又统一的关系，只能同时并存而绝无可能独立存在。

因此，《老子》在本章其实就是引导我们使用辩证唯物主义的思维方式来从宏观角度看待一切事物。据此，我们联系"反者，道之动"来看本章最后一句话。本文据《郭店楚简》，本句当作"万物生于有，生于无"，而在传世版本中，本句则作"万物生于有、有生于无"。在第一章我们讨论过，《老子》的哲学概念中"有"常常代指客观存在的具体物质，"常有，欲以观其徼"；而"无"则代表着支配万物运动发展的抽象规律，"常无，欲以观其妙"。又曰"无，名天地之始；有，名万物之母"。因此我们可以理解，《老子》的世界观和宇宙观当中，万物生成皆是一个"无中生有"的过程，抽象的客观自然规律孕育并主宰了具象的客观事物的诞生与发展。因此，本文采用《郭店楚简》本的"万物生于有，有生于无"这样一个呈现递进关系的陈述。这也正是"反者，道之动"的进一步阐述，而认识掌握了"道"的这样一个规律，就可以指导人的思想和实践，从而达到并进入"德"的境界——"常知稽式，是谓玄德。玄德深矣、远矣，与物反矣。然后，乃至大顺"——使自身获得长久可持续的积极发展和进步。

第四十一章

上士闻道，勤而行之；中士闻道，若存若亡；下士闻道，大笑之。

不笑不足以为道。故建言有之：

明道若昧，进道若退，夷①道若纇②。

上德若谷，大白若辱，广德若不足，建德若偷③，质真若渝。

大方无隅，大器免成④，大音希声，大象无形。

道隐"无"名⑤。夫唯道，善贷且成⑥。

---

① 夷：形容"道"呈现出某种平坦无垠的状态，《五十三章》"大道甚夷"。《说文》："夷，平也。"

② 纇：与"夷"相反，坑洼不平。《说文》："纇，丝结也。"因此《老子》用此字形容"道"又是在微观上呈现类似网状结构的形态，万物都像丝线一样，在"道"的规则之下编织纠缠成一个完整的宇宙系统。

③ 建德若偷：乾健光明之德，却呈现一种苟且懦弱的样貌形态。"建"同"健"。"偷"，苟且，例：苟且偷生。

④ 大器免成：大器是浑然天成的，而非人为创造。传世版本作"大器晚成"，文义与前后文不合。帛书甲本与郭店楚简作"免"，故本文据此改之。

许多前辈学者对这个问题都有过考据和分析，这里我们引用任继愈先生对此做出过论述：马王堆甲本，作大器"免成"。与"希声无形"为并列，名词之前都是否定词。"大器免成"是说大器不需要加工。于义为顺。但通行各本均作"晚成"，千百年来已被用作成语。楚简乙本作"曼成"，"曼"，于音，通"免"，韵通"晚"可并存。《老子》原本疑为"免成"。

⑤ 道隐无名："道"隐藏在"无"这个抽象的哲学概念和定义当中。无，即与"有"相对的哲学概念；名，指定义、定理、定律，非指名称、名字。无、名是两回事，不可连用成一个词而理解成"没有名字"。"无，名天地之始"——《老子》第一章。

⑥ 善贷且成：万物始终跟随"道"的客观规律化育发展。善，即"上善若水"章指出的，是形容"道"的客观规律的存在方式和表现出的价值观。贷，施也——《说文》，意为帮助或给予。成，完成、成就。古代汉语"成""终"互训——任继愈《老子绎读》。

帛书乙本作"善始且善成，"一些前辈学者据此联系《庄子》"善妖善老，善始善终"训本句为"善始善终"，意为"道"使万物善始善终，万物从始至终都离不开"道"。此说可从，但须注意，"善始善终"在现代汉语中带有较为强烈的主观色彩，用以形容事物从头到尾都是积极美好的。但这句话在《老子》和《庄子》的语境下却非如此，例如第五十章所谓"出生入死"，都是一种对事物表现出的客观状况的陈述，而不带有主观感情色彩。

前文所说，《老子》思想和其建立的价值观自古至今始终是一门小众学说，只被部分人所接受和认同。《老子》思想虽然是开放的，人人皆可"闻道"，但人们看待它的方式和态度却大不相同。因其倡导的价值观与主流大众的观念相悖，因此往往被误解和嘲笑。有一部分人虽然部分了解和认同《老子》思想，但也仅仅停留在"部分"的层面而不愿深层次地探究和学习。但真正认同和接受《老子》价值观的"闻道上士"却不为世俗所动，必然会坚持将之作为自身行为方式的指导和规范。这种对《老子》思想体系和价值观的认识差异，其实也符合"道"的规律和本质。

于是《老子》从"有""无"辩证的两个方面来说明人们对"道"的不同认知。当人们从"有"这个世俗角度来看，"道"的作用方式以及"德"这个价值观恰好与世俗认知完全相反，因此世俗之人会对"道"和"德"持以"大笑之"的态度。

那么"道"与"德"表现出的思想形态和价值观在不同人的眼光中有何区别呢？"明道若昧"，"道"的客观规律是可以被我们认知和学习的，但在一般人眼中却是昏昧晦暗，甚至是"故弄玄虚"的；"进道若退"，"道"的客观规律和价值观是推动和促进一切人和事物的发展进步的，但在不明所以的人看来却是消极甚至是"反动"的（"绝圣弃智，民利百倍；绝仁弃义，民复孝慈；绝巧弃利，盗贼无有！"这是极端的破坏主义。他对于国家政治，便主张极端的放任——胡适《中国哲学史大纲》）；"夷道若纇"，"道"本身是一种平坦可行的哲学路径，足以帮助顺"道"而行的人们获得发展和进步，但在世人眼中"道"的哲学思想和价值观指出的路径却是坑洼不平、与主流价值观相悖、难以实践的。

与一般人们认识中的"道德"不同，《老子》之"德"不是一种从主观出发的道德要求，而是以"德"字来代指"道"表现出的客观性质及其朴素唯物的价值观，故称之为"上德"，表现出如同水纯粹按照客观规律随地势流动一样的性质，故而"若谷"；既然"上德"与世俗道德价值观是截然不同的，那么必然被世俗所轻慢甚至排斥，故而谓之"大白若辱"；《老子》之"德"是包罗万象，任何人和事物都无法脱离其中的，故而谓之"广德"，但在一般大众的眼中"道"却显得太过高深玄妙，是难以理解并应用于生活实践的，故而"若不足"；"道"的发展规律和价值观无疑是客观真理，故称之"健德"，但因其在一般大众眼中是晦暗不明的、"反动"的、难以实践的，所以尽管"道"是真理，但相比于社会主流思想和价值观，"道"却是被排斥和轻慢的，呈现出一种"苟且卑微"的存在形式。但无论人们如何评价和认识"道"，"道"和"德"却永远客观存在着，"道之为物，惟恍惟惚。惚兮恍兮，其中有象；恍兮惚兮，其中有物。窈兮冥兮，其中有精；其精甚真，其中有信"，故而谓之"质真"。但因其往往被人们从不同的角度看待和解读，形成差异极大的看法和认识，故而谓之"若渝"。

综上所述，虽然一般大众对"道"与"德"有如此繁多、如此深刻的误解和偏见，但"道"依然是万事万物的根本，而不以人的主观看法为转移。例如大地乃至宇宙，其界限尺度远远超出人们的一般认知和想象，故而谓之"大方无隅"；例如恒星释放出无比巨大的能量，地球孕育和承载着世间万物生灵，但其诞生和发展都是根据"道"的客观规律自然天成，而非人力施为，故而谓之"大器免成"；天地万物的生长发展都会产生各种不同频率不同大小的声音，但我们人类能够接收和识别的只是其中一小部分，故而谓之"大音希声"；自然界大到整个宇宙，小到构成万物的基本粒子，每时每刻都在跟随"道"的客观规律进行着发展变化，但我们人类能够观察和认识到的只不过其中很小的比例，故而谓之"大象无形"。

我们也可以将视角转向我们人本身。人的生命是有限的，人的能力是有限的，但人的思想却是无限的。人的思想可以超越人本身而扩展到整个社会、整个文明、整个自然界，乃至整个宇宙之外更加深远无垠的地方。人的思想这种无形无质的存在，岂非"大方无隅"？人人都渴望"成器"，都渴望自己短暂的生命可以有所作为，渴望让自己的人生更有意义。但任何一个人，他的一生所能达到的成就、所能创造的价值都不仅仅在于其本身如何，而是与其生存其中的整个文明、历史、社会背景、时代潮流、家庭环境、人生际遇这些客观因素紧密联系在一起，这些外在的客观因素与其个人主观因素共同决定了他最终将成为一个怎样的人。我们每一个平凡的人如此，那些历史上得成"大器"的伟大人物同样如此，"大器免成"诚如斯言。人人都可以靠语言、音乐等声音形式来表达自己的思想情感，但无声的文字、绘画同样可以传递出巨大的力量。《诗三百》让"至圣先师"赞叹曰"不学诗，无以言"；《易》之八卦用如此简单的几个符号为中华民族创立了最初的哲学基础；鲁迅先生的文章使千千万万的中国人民从沉睡中惊醒；但丁的《神曲》拉开了欧洲文艺复兴的大幕，推动整个人类文明逐步走入现代；爱因斯坦推导出 $e=mc^2$ 这样一个"简单"的公式，从而使人类掌握了可以媲美恒星的力量。文字无声，其力无穷，"大音希声"。回望人类文明史，从古埃及金字塔、古代中国四大发明，到今时今日人类建立的这个高度繁荣发达与多样化的社会，其成就皆是由历史上存在过的每一个活生生的个体的人共同创造的。然而受制于有限的生命、有限的视野，我们只能看到如此辉煌伟大、气象万千的人类文明历史的一点小小的局部，而无法一览全貌。从人类个体的眼光来说，这种情况正可谓"大象无形"。

如此，《老子》总结认为，我们人类从主观眼光出发，对自身、对社会、对文明、对宇宙万物只能做到有限的"观其徼"的程度，但一切事物最根本的真理——"道"，却更多的隐藏在"无"这个抽象的哲学概念当中，故而谓之"道隐'无'名"。只有我们从客观角度将自身的思想认识推进到"无"，并将"有""无"这两个哲学概念加以辩证统一，才能认识"道"，进而真正认识和理解"道"才是推动和促进万事万物发展进步的根本规律。

第四十二章

道生一①，一生二，二生三，三生万物②。
万物负阴而抱阳，冲气以为和③。

---

① 道生一：宏观的、广义的、根本的"道"衍生出了支配宇宙万物的自然规律。这里的"一"即《第二十五章》"有状混成，先天地生"所形容的狭义的客观自然规律之"道"。

② 一生二，二生三，三生万物：以"有""无"或下文"阴""阳"为代表的共生又对立的哲学概念伴随着自然规律开始出现。随着"道"的自然规律的作用和影响，各种基础的哲学元素发生对立统一的辩证结合，衍生出我们所认知的具体丰富的万事万物。

③ 万物负阴而抱阳，冲气以为和：万物皆有以"阴""阳"为代表的对立的两面性，在"道"的规律作用之下涌摇激荡而调和均匀，成为辩证统一的协调、和谐的整体。

负：通"背"，背对着。

抱：面向、面对。

冲：《说文》曰"涌摇也"。陈鼓应先生于《老子今译今注》中提到，许多解释将"冲气"当作"虚气"讲，蒋锡昌认为不妥。第四章"道冲而用之或不盈"之"冲"当作"盅"，此"冲"当从本字。《说文》："盅，器虚也"；"冲，涌摇也。"二义不同。道之盈虚，譬之器，故用"盅"；阴阳精气，涌摇为和，故用"冲"；此其别也。

气：精神气质。中华文化喜欢将事物拟人化，通过赋予事物某种人的特质，来传达作者希望表达的思想。例如"玉有五德"，就是将玉拟人化来说明君子之德。在《第十章》"专气致柔"句，我们分析过，《老子》并不认同传统意义中形而上的"气"的存在。《老子》全文总共三次出现"气"字，都是专指精神气质。本章也是如此，《老子》将"万物"拟人化，赋予其"负阴而抱阳"的哲学气质，又说"冲气以为和"，即赋予了万物阴阳调和的精神气质，这种精神气质的最高境界即是"和"，也就是中国古典哲学中最重要的一种理想化的状态——和谐。

在前文中我们讨论过，《周易》的哲学思想极大地影响了后世的儒家和道家哲学思想，并且与两家伟大的思想一起，穿越了千年岁月，根植于中华民族的文化血脉之中。《周易》可以看作是中华文化哲学领域的源头和开端。

而从《周易》脱胎而来的太极图，其创立虽然晚于《周易》逾千年，但是非常生动形象地用图形的方式直观地描绘出了《周易》创立的阴阳对立统一、循环衍化的哲学思想。也为我们后世学习和理解《周易》及中国古典哲学和文化，尤其是《周易》和道家哲学的宇宙观，建立了很好的参考。

《周易》哲学的最根本的观点，就是阴阳的对立统一。世间万物的本质皆由阴阳对立的性质构成。因此太极图给我们最直观的感受就是其中的两条"阴阳鱼"。阴阳鱼的形态相同，却是对立的黑白两色；运动方向相反，却又呈循环追逐之势。阴阳鱼又称为"两仪"，《说文》：仪者，度也。而虽然阴阳这种对立的概念是构成万物的基本性质的两大要素，但其又是一个整体，不能独立存在。因此阴阳鱼的外围结合起来构成一个完美的正圆形。《说文解字》：圆者，全也。圆又引申为"元"，《说文》：元者，始也。这种"圆"的概念又可以引申为"圜"，《说文》：圜者，天体也；又有围绕、环绕之意。

而在阴阳分际、对立环圜的同时，阴阳两仪又在各自的运行极致、核心之处出现了阳中之阴、阴中之阳。于是，阴阳双鱼在各自内部出现了与自身性质相反的鱼眼，即"少阴""少阳"。而将之包含的阴阳两仪则是"太阴""太阳"。四者共同称之为"四象"。这种阴阳至极而反的规律，与两仪表现出的性质相对规律，又构成了更加完备的《周易》哲学的最高规律。至此，太极图又继续延伸了《周易》哲学的另一重内容："相对"与"绝对"的概念。阴阳两仪呈现出绝对的平衡，而两仪衍生出的太阴与少阴、太阳与少阳之间，虽然性质相同，但质量却有大小的对立；而太阴与少阳、太阳与少阴之间，则表现为性质和质量都存在对立的关系；而当太阴与少阳、太阳与少阴作为一个整体的时候，其性质与质量又恢复了绝对的平衡。但我们需要注意一个细节，太极图的两仪之间的交汇之处是一条 S 形曲线，而不是一条象征"绝对"性质的直线，因此两仪之间看似绝对平衡又隐含了"相对"的含义。因此上述种种，就称为"太极"。太，同大，《说文》引《老子》语："天大，地大，人亦大。极，同極，栋也。"我们今天的人可以理解为太极即支撑和支配天、地、人，万物的根本规律，《老子》："道大、天大、地大，人亦大。域中有四大，而人居其一焉。人法地、地法天、天法道，道法自然。"

至此，太极图向我们完整地展示出了《周易》的哲学宇宙观：万事万物皆是由性质相对的两种最基本元素构成。两种元素从宏观来看呈现出绝对的平衡，从微观来看则呈现出极大的差异，从根本上来看则永远保持着一种微妙的、不断变化的完美平衡。因此《老子》将《周易》哲学总结为："道生一，一生二，二生三，三生万物。"而《周易》云："易有太极，是生两仪，两仪生四象，四象生八卦。"

本文认为，《周易》的哲学宇宙观，以及与之一脉相承的《老子》的宇宙观，与今天的科学角度的宇宙观也存在着宏观上的很好的融洽。在展开讨论这个问题之前，本文首先要澄清说明一点：科学、哲学、神学，根本上都是以人的眼光出发去看待一切，只不过三者的区别在于看待的方式方法不同。这里我们抛开神学不谈，只谈科学和哲学。科学，是以科学的态度和手段，通过符合逻辑的、可以验证的科学实验、观测或数学计算来推导和描述一切事物。而哲学，则纯粹从人的思想的角度，以符合一定逻辑的，但不是那么可以验证或计算的方式，来推导和描述一切事物。科学，是纯粹客观的、唯物主义的；而哲学则是主观的，可以是唯物主义的，也可以是唯心主义的。当然，必须说明，虽然科学与哲学的出发点和目的是一致的，都是为了追求真理，但我个人认为，科学在其到达"终点"时将取代哲学，而哲学在抵达"终点"的过程中可以与科学并行，但到达终点的一瞬间将被科学取代，但哲学现在不能，也永远不能取代科学。然而我们人类文明到目前为止，科学与哲学所达到的高度还都处在一个非常幼年的阶段，因此我们可以尝试以哲学的眼光来看待目前人类所取得的科学成就，这就是我们下面要讨论的问题：以哲学的宇宙观来看待真实的、科学的宇宙。

今天的科学对我们所处的宇宙的认知，广泛来讲即"宇宙大爆炸理论"和"四维时空理论"。在"宇宙大爆炸"理论看来，宇宙开端于大约137亿年前的一个奇点。这个奇点体积无限小，内部结构无限致密，质量无限大。其中没有空间和时间的概念，时间和空间无限的弯曲。在人类目前无法认知的规则的推动下，奇点发生了大爆炸，广义上的空间和时间从这一刻开端。而在奇点发生大爆炸之前，以及这个奇点之外是什么样，则是现代科学无法讨论的范畴。因此我们通过上述的大致描述可以看出，在大爆炸发生之前，我们人类现在生活其间的空间与时间都尚未诞生。除了一个完全抽象的"奇点"之外，没有任何广泛意义上的"有"，也就没有一般意义上的"无"。这就是目前人类科学对万物起源的看法。

那么，我们就尝试从哲学的角度，特别是《周易》和《老子》的哲学宇宙观的角度来看看与这种情况对应的描述："是故，易有太极"（《系辞上》），"道生一"。值得注意的是，《系辞》相传为孔子所作，是《易传》的一部分，而非《周易》本经原文所载。但其哲学思想则一脉相承。因此我们可以认为，《周易》和道家哲学的宇宙观都认为宇宙开端于"一"，或称"太极"。而促使和推动其发生大爆炸的我们的现代科学仍然无法认知的更高的主宰规律，即"道生一"的"道"或"易"。《庄子》云："易以道阴阳。"

在大爆炸发生的一瞬间，广义上的宇宙真正诞生，科学意义上的物质出现了。宇宙诞生之初并没有我们现在可以通过科学手段观测到的各种天体，仅仅存在一切物质最基础的微观的基本粒子。尽管如此，从这一阶段开始，物质的出现让宇宙的基本性质分成了"有"和"无"的概念，对应的就是物质与真空。这一过程从哲学宇宙观的角度上来看便是"太极生两仪""一生二"。而随着时间的推移，最初的基本粒子开始发生相互作用，并受到了"四个基本力"的影响而构成天体和万物等宏观尺度上的物质。于是"两仪生四象，四象生八卦""二生三，三生万物"。这个过程，从哲学宇宙观的角度来看，四个基本相互作用力即可理解为"四象"，而基本力的出现和发生相互作用的过程，即"二生三"。

我们知道，我们今天能够认知的宏观尺度的宇宙是由三维空间和时间构成的四维时空。当我们描述一个三维空间时，自然会用到点线面或长宽高这样的三个坐标，三个坐标共同构成三维空间。点——线——面，相互之间又是递进式的发展关系。而通过上文不难看出，《周易》与道家哲学的宇宙观也是由三个基础的坐标由简至繁发展而成，而用来表示发展过程的"生"（《说文》：生者，进也。即前进、发展之意），则是构成四维时空的最后一个要素——时间。时间与空间的概念又对应了阴阳（或"有""无"）构成的对立又统一的辩证关系——时间与空间共同构成我们的宏观尺度上的宇宙这个四维时空。两者是某种意义上对立的概念，但无法孤立存在，必须辩证统一起来才能完整描述我们的宇宙。

同时，根据普遍的科学观点来看，时间和真空都是抽象的概念，我们可以通过科学的推理和计算来感知其存在，但我们无法直接观测或干涉其本身，其存在形式也不以人的意志为转移。而广义上的空间（或物质）却是具象的，可以自然衍变或通过人为的干涉和控制，正向增加，或逆向分解，或组合成更大、更小的形态。在《老子》的哲学宇宙观中，"无"是一种抽象的概念，而"有"却是具象的、本身可以发生形态变化的。我们无法直接观测或感知"无"，却能够通过可认知的"有"反向推导，进而认识到"无"的概念。因此《老子》曰：

"常无，欲以观其妙。常有，欲以观其徼。"

通过上述讨论，我们大致可以这么认为：宇宙是由抽象的"无"和具象的"有"，这两大类最基本的存在形式构成的。而宇宙之所以是如今我们理解和认识的这样，正是因为自然规律的存在，自然规律引导着宇宙万物发展和变化，呈现出一些特定的现象出现在我们面前，例如《老子》观察"上善若水"、牛顿观察苹果落地。于是人类开始通过对自然规律的研究和思考来认识和描述这些自然规律。人类的科学便是研究这些规律并用数学语言描述出来，例如 1+1=2、$E=MC^2$ 等公式。那么我们就发现，公式只是我们描述自然规律的方法，但我们并不能观察到自然规律本身。于是我们可以将宇宙整体看作是一个尺度极大的、具象的"有"，而把自然规律本身看作一个抽象的"无"。两者通过对立又统一的辩证关系共同构成了世间最高的"真理"——《易·系辞》曰："一阴一阳之谓道。"

让我们回过头来看看上文中列举的两个公式。科学告诉我们，太阳是一颗恒星，不断进行着核聚变释放出大量能量，在此过程中产生的光和热穿越了大约 1.5 亿公里的距离，为地球带来了光明和生命。而与太阳物理原理相同的核武器则以其巨大而恐怖的威力，具有毁灭人类文明的能力。我们普通人尽管永远无法真正感受到恒星般的能量，但却能够通过 $E=MC^2$ 这个如此"简单"的公式来总结其核心原理。同样的，数学是描述一切科学的通用语言，通过数学计算，我们已经能够跨越光年尺度的距离来描述我们的宇宙，但无论多么复杂的数学公式，究其根本，都是由类似 1+1=2 这样简单美妙的四则运算公式衍生出的。因此，《周易》和《老子》的哲学观点认为，一切事物最终都可以按照某种至高的自然规律化繁致简，推导和归纳为"阴阳""有""无"这样极简的、精妙的辩证关系。而这种至高的自然规律，其本质便是"道"，其形式便是"易"。

最后，让我们回到太极图来看。太极图中的阴阳两仪呈现出了质量绝对相等之势，共同组成了一个正圆。两仪以代表动态的 S 线分际，象征着一切事物不断运动和变化之势，但无论事物如何运动变化，两仪的宏观质量永远相等。如此我们便不难发现，脱胎于《周易》哲学的"太极"的概念，与自然界中广泛存在的"质量守恒定律"和"能量守恒定律"形成了哲学上的融洽。故而我们可以说，中国古典哲学与现代科学之间存在着广泛的联系，通过寻找这种联系，可以帮助我们更好地认识自身、认识世界、认识宇宙万物。哲学与科学共同构成了上文中反复讨论的辩证统一的关系，将共同帮助我们寻找那个位于终点的真理。

第四十三章

天下之至柔，驰骋天下之至坚。无有入无间。吾是以知无为之有益。

不言之教，无为之益，天下希及之。

本章《老子》再次以水为例，说明"道"的客观规律和价值观对于人类社会和文明的有益之处。

水的流淌是一种纯粹的自然现象，不受任何意志的左右，永远跟随着地势的变化而动。在我们的一般世俗观念看来，水流的运动方式虽然是被动的、柔弱的，但却永远无法被看似刚强的山峦大地所阻碍和战胜。看似刚强的山峦大地只不过改变了水的流向，但却无法彻底改变水随地势而流淌的本质，因此《老子》称水所表现出的这种特质"几于道"。

所谓"道常无"，"道"的客观规律通常以"无"的抽象方式表现出来，但"道"的客观规律和法则却渗透于万事万物，哪怕是在我们寻常的世俗观念看来没有任何空隙可供进入和穿越的具象物质也是如此，无不被"道"的法则和规律主宰和掌控，而"道"自身却像水流一样永远不被任何人的意志所动摇和转移。故而《老子》谓之"无有入无间"。通过这种现象，《老子》证明了"无为"这种"道"的价值观和哲学思想对人类社会和文明的有益之处。

然而《老子》也不禁感叹，"道"的价值观所倡导的"不言之教"和"无为之益"，因为太过抽象和玄奥，始终在人类社会和文明中得不到广泛的认识和重视。即使在我们今天生活的现代社会，被各种民族和国家广泛接受和认同的也是"有言之教"和"有为之益"，因此人类的历史始终伴随着各种人为矛盾引发的冲突与战争。虽然人类社会和文明的历史总趋势是在不断发展和前进，但在这个过程中却因为违背了"道"的客观规律而不断走入弯路，甚至是死胡同。

第四十四章

名与身孰亲[①]？身与货孰多[②]？得与亡孰
病[③]？

甚爱[④]必大费[⑤]，多藏必厚[⑥]亡。

故知足不辱[⑦]，知止不殆[⑧]，可以长久。

[①] 亲：更加重要。《说文》："亲者，至也。至者，至极也。""至人
无已"——《庄子·逍遥游》。

[②] 多：更有价值。通常用以形容数量大，与"少"相对。

[③] 病：使人忧虑、为难。"君子病无能焉"——《论语·卫灵公》。

[④] 甚爱：过分、过多地施加情感。

[⑤] 费：靡费、浪费。

[⑥] 厚：优厚、优待。《老子·第五十章》："以其生生之厚。"

[⑦] 不辱：不会招来灾祸。

[⑧] 不怠：不会停滞消亡。

人类从文明形成开始，就出现了对名誉、财富、地
位、权力等世俗外物的欲望和追求。很多人说《老子》
反对这种追求，但在我看来却未必如此。《老子》倡导
人们按照"道"的客观规律来规范自己的言行，而人类

对这些世俗的欲望的追求恰恰是人性的一部分，也正是"道"的客观规律的一部分。如果人类彻底没有了对世俗欲望的追求，那么也就丧失了人性，也就不再是人类，这本身就是违背了"道"的客观规律的。因此我们说，《老子》哲学并不倡导片面的清心寡欲、不食人间烟火的精神态度，而是从客观角度认识和看待人性对这些世俗欲望和利益的本能追求，但反对过分地纵容自己的天性和欲望。

因此《老子》倡导人们以"道"的价值观和客观规律来看待自身、看待利益，以及看待世俗的种种欲望。上文我们曾说，《老子》认同人类文明在社会活动中取得成功，但必须认识到，这种成功是因为成功之人顺应了"道"的发展规律，而不是从主观唯心的角度出发，认为自己单纯凭借一己之力就实现了成功。否则这种一时的成功最终必然将走向失败与消亡，被"道"的价值观和客观发展规律所抛弃。

因此《老子》提倡人们以"道"修身、以"道"处事，以"道"的价值观来衡量人们自身与名誉、财富等一切世俗欲望的价值关系，即《第十六章》的"知常"——"没身不殆"之论。有了"道"的价值观，人们就可以平衡自身与欲望，可以"爱"但不会"甚"，可以"藏"而不会"多"，因此对世俗名利的"爱"与"藏"的同时也就不会带来"大费"与"厚亡"的消极结果。这种平衡自身与世俗利益关系的方式，《老子》称之为"知足"与

"知止"。只要按照"道"的发展规律来参与社会活动，并且及时准确判断出"道"给出的客观界限和方向，及时克制和控制自己的活动不超过这个界限，那么社会中的每个人，乃至整个人类文明，都可以顺应"道"的规律，保持长久稳定、健康积极的发展。

第四十五章

大成若缺，其用不弊。

大盈若冲①，其用不穷。

大直②若屈，大巧若拙，大辩若讷，大赢③
若绌④。

静胜躁，寒胜热。清静为，天下正。

---

① 冲：虚也，空虚之意，与"盈"相对。与《第四章》"道，冲，
　而用之或不盈"之"冲"的意思不同。

② 直：正直。《说文》："直，正见也。"

③ 赢：盈余。

④ 绌：不足。

《老子》认为，"道"是包罗万象、无远弗届的，
不仅引领着我们人世间的芸芸众生，即使伟大浩瀚如宇
宙，也以"道"作为根本的运动规律。因此"道"不
仅仅是人生观、价值观，同时也是宇宙观。所谓"大
盈""大成"，之于我们人类有限的认识而言，其"大"
无过于宇宙之大。根据今天科学界占据主流的"宇宙大

爆炸假说"，包括我们生活的地球在内的整个宇宙都始于最初的"奇点"那一次壮丽、伟大的创世大爆炸。以此为始的百亿年间，宇宙从未停止过运动，无数尘埃汇聚成星球，星球之间被引力互相吸引，构成了星系；星系发生碰撞，分散的碎片又构成新的天体；无数的恒星与行星再次形成并构成现在我们认识到的处于动态平衡下的星系。其中的幸运儿——地球因其得天独厚的自然条件而孕育了无数辉煌的生命形式和我们人类灿烂的文明。百亿年间，宇宙就这样顺应着"道"的客观规律进行着运动而从未有过片刻停滞，因此我们得以生活于大地之上，仰望星空而感叹宇宙的伟大。假使这样伟大的运动突然停下脚步，那么整个宇宙都将陷入一片可怕的死寂，包括我们人类文明在内的一切生命也必然将走入可怕的死亡。

《老子》提醒我们应当"人法地，地法天，天法道，道法自然"。相比于伟大如浩瀚无垠的宇宙，我们渺小的人类更应当"尊道而贵德"，这种宇宙观、世界观、人生观、价值观的统一，就是我们的古代先哲们追求和探索的"天人合一"的最高境界。然而"域中有四大，而人居其一焉"，贵为"万物之灵"的人类文明却因为自身特有的"智慧"而产生了主观唯心主义的思维方式，故而"大道甚夷，而民好径""百姓皆谓我自然"。这种主观唯心的思维方式极大影响了人类文明的价值观，使得人们往往为了满足自己的私利私欲，背离

第四十五章

159

了"道"的价值观而陷入"不知常，妄作，凶"的可怕境地。因此，《老子》向我们提出了"大直若屈、大巧若拙、大辩若讷、大赢若绌"的具体要求，以帮助我们重新找回"道"的价值观，回到"往而不害，安平泰"的积极发展道路。

《老子》认为，"道"是天下最根本的真理，故而可称之为"直"。但"道"的客观规律却是难以辨识和察觉的，因此难以被社会大众所广泛接受和认同。"圣人"以"道"来引领社会发展进步，但同时要做到"人之所畏，不可不畏"，对于百姓大众抱持的"我自然"的客观状况，应当充分尊重而不必以主观意愿强迫百姓大众接受自己的观点——"非以明民，将以愚之"。如此，"圣人"在"善为道"的过程中必然遭遇百姓大众的误解和排斥，所以"圣人"当放弃对"直"的片面的、教条的追求，而尊重社会与时代的客观发展实际，采取"屈"的态度和方法——"无为""不争"，如此即可实现"我无为而民自化；我好静而民自正；我无事而民自富；我无欲而民自朴"。

人类在建立文明的历史过程中不断发明和应用着越来越多、越来越先进的技术。早在《老子》时代，造船技术和"舟舆"帮助人们横跨江河；冶金技术和"甲兵"帮助人们提高武力。技术本身的性质是客观唯物的，帮助人们极大拓展了生存的空间，促进了人类文明的发展与进步，是人类文明特有的"发明创造"，而非世上本来就存在的，因此这种从"无"到"有"的过程本身就是一种人类文明顺应"道"的客观规律的体现。但是技术在服务于人类文明的同时，往往会被人类主观唯心的本性扭曲本来的功用，而成为满足人的私利私欲，乃至战争与杀戮的工具，故而称之为"巧"。《老子》在前文曾强调，"绝巧弃利……以为文"，主观片面地希望人类文明放弃对技术的使用和追求是不切实际的，因此要"大巧若拙"，人类对技术的发明与应用应当回归其客观唯物的淳朴本质，成为文明和社会发展进步的积极助力，而非破坏与毁灭的工具。

前文所说，"圣人"在引领百姓大众的过程中将不可避免地遭遇非议甚至排斥，因为"道"是隐晦而难以辨识的，是与大众的一般性思维方式及价值观背道而驰的。在这种情况下，"圣人"以"道"为出发点的言行必然将受到诘难和质疑。老话虽说"道理越辩越明"，但通过实践我们不难发现，道理并非越辩越明，而是往往陷入矛盾双方自说自话的诡辩。这种辩论不但不能帮人明理，反而使双方的矛盾和分歧更加恶化。因此《老子》说"大辩若讷"，又说"善者不辩，辩者不善"。"圣人"应当持"上善若水"的精神境界而"不争"，故而没有必要为自己的言行辩解，只要坚持以"道"的价值观来指导自己的言行，顺应"道"的发展规律，自然"天下莫能与之争"。

在人类文明的社会活动当中，对胜利、对欲望的追求是人性当中永恒不变的特性。这种如同人类发明的各种技术一样，一方面促进了文明和社会的发展进步，另一方面也往往会导致种种消极的后果。"道"的价值观倡导"圣人"应当"无为""不争"，但并不是片面强调以消极的态度和方式来回避社会实践中的良性竞争，更不是违背人性的客观实际来消灭人性中欲望的存在。"道"的客观发展规律是"往而不害，安平泰"的，因此"圣人"只要以"道"来指导和规范自己的言行，自然可以"陆行不遇兕虎，入军不被甲兵"而"无死地"；自然可以"以其不自生，故能长生"，"以其无私，故能成其私"。

综上所述，就是《老子》所谓"清静"。"重为轻根，静为躁君"，人性中"不道"的一面即"轻"与"躁"，《老子》"将镇之以无，名之朴"。"静""寒"即"无"所代表的"道"的客观淳朴的价值观。"圣人"以"道"的价值观要求自己，以"道"的积极客观的发展规律引领社会，即可使自身与"天下"共同融入发展和进步的历史大势当中——"天下正"。

第四十六章

天下有道，却①，走马以粪②；天下无道，戎马生于郊③。

祸莫大于不知足，咎莫大于欲得。故知足之足，常足矣。

---

① 却：节制、约束欲望。对应下一句的"不知足"和"欲得"。《说文》："却，节欲也。"前辈学者多训为"退却"，恐与原文主旨不合。

② 粪：古义"粪田"，施肥耕种。

③ 戎马生于郊：怀孕的母马被迫在战场上产仔。戎马，即用于作战的战马；生，生产、分娩；郊，指城市外围的战场。"邑外谓之郊，郊外谓之牧，牧外谓之野，野外谓之林"——《尔雅·释地》。

马是中国古代六畜之首，与专职耕田的牛不同，马匹属于战略物资，通常用于军事活动，绝少用于农业生产，在古代社会中有着崇高的地位。中国虽自古以农耕立国，农业生产乃国之根本，但如同人类社会共同的特点一样，中国历史上也充斥着或主动或被动的军事战争。

农事与军事，始终是贯穿于人类历史的两条主线，区别在于前者的主要目的是为了满足生存的基本需要，而后者却不仅仅如此，更有甚者是为了满足远远超出生存根本需要之外的"不道之欲"。这样的军事活动就是非正义的，是"代大匠斲""是乐杀人"。《老子》说："兵者，不祥之器，非君子之器，不得已而用之"，故而并非片面地反对军事战争，而是反对这种非正义的战争。

我们知道，《老子》所处的时代正是春秋时期群雄争霸，军事战争连年不绝，"戎马生于郊"的可怕的历史时期。这种非正义的战争杀戮使得无数社会基层的士兵与百姓死于非命，仅仅是因为那些王侯将相妄图成就自身的所谓霸业，满足他们"不道"的、可鄙的对权力与地位的欲望，还狂妄地将自己这种劣行粉饰为"王道"。因此，《老子》揭露并痛斥："天下无道。"反之，《老子》呼吁："天下有道，却，走马以粪"，呼吁"圣人"可以引领文明和社会回到"道"的价值观和积极的发展大势当中；摈弃非正义的战争、抑制对私利私欲的过分追求，而回归淳朴和平的正常社会生活当中。

对私利私欲的向往和追求是人性的客观本质，"不知足""欲得"，是推动人类进步与发展的原动力。但纯粹以自身的主观愿望为出发点，运用诡计、杀戮等非正义的、与"道"的价值观相悖的手段来实现目标、获得主观上的满足，结果就是"祸"与"咎"。脱离了

"道"的价值观与积极发展之势，就是"不知常，妄作，凶"，最终必然"不道早已""死矣"。相反，如果人能够以客观的角度为出发点，以"道"的发展规律和价值观为自身的欲望划下合适的界限，那么必然可以使自身与整个社会共同得到积极的发展进步，同时自然而然地使自身合理的利益与欲望得到恰当的满足。

本章的"却"字，如果做副词，在文义、文法上不通；如果按照前辈学者训为"退却"，似也不合本章主旨。《说文》："却者，节欲也。"本章重点在于《老子》对"不道之欲"的抨击，以及劝人对欲望进行合理的节制，而不在于马匹出现的地点场合。人们可以节制自身的欲望，才能体现出"天下有道"，才能使马匹从战争工具转变为农业生产的助力。故本章"却"字当从《说文》之义。

第四十七章

不出户，知天下；不窥牖，见天道。其出弥远，其知弥少。

是以圣人不行而知，不见而明，不为而成。

《老子》的哲学的重要组成部分即朴素的辩证唯物主义思想。因此我们在学习《老子》哲学时，也应当注意随时以辩证的方式来检验我们的观点和体会。所谓"不出户""不窥牖""不行而知""不见而明""不为而成"，都需要我们在阅读和学习的过程中随时注意其辩证内涵。文中所谓"不"，囿于《老子》时代古代汉语的特殊性，其字义已经与我们今天使用的现代汉语有了一定区别。从现代汉语的角度理解，"不出户，知天下；不窥牖，见天道"的意思就是字面的"不用出门就能知晓天下事；不望向窗外就能了解自然的法则"，但从辩证角度来看，《老子》本义应当作"不片面强调以出门远行这种方式来获知天下之事；不片面强调以参与外界活动来感悟'道'的运动规律"。

在朴素的辩证主义思想之外，《老子》还强调朴素的客观唯物主义思想——"不敢为主，而为客"。通过出门远行、经风雨见世面、广泛参与社会活动，当然可以增进一个人的视野和知识，因此《老子》并不反对"出户"与"窥牖"。但人类社会活动是高度缤纷复杂的，因此《老子》强调"圣人"首先应当随时秉持"道"的价值观和思维方式，这是"圣人"立世的根本。在此根本基础上，"圣人"还要保持以客观的、"静"的角度来看待自身，以及在"出户""窥牖"过程中得到的社会实践经验——"致虚，极；守静，笃"。通过这种客观的经验反过来帮助自身更好地认识"道"的发展规律和价值观——"观复"。反之，如果不能秉持客观之"道"，而以主观的态度和眼光为出发点，那么我们在复杂的社会大潮中就会迷失方向，陷入背"道"而驰的消极境地之中，故而《老子》提醒我们："其出弥远，其知弥少。"

后文中，《老子》说："吾有三宝，一曰慈，二曰俭，三曰不敢为天下先"，这个"俭"的哲学概念其实就是对本章最好的延伸。《说文》曰："俭，约也"，人的行为必然要受到约束，必然要遵从客观规律才能获得发展与进步。在我们通常的认识上，"出户""窥牖"是经风雨见世面的有效方法，我们往往鼓励这种方式和实践，而不喜欢"户"与"牖"对我们人生见识和阅历形成的约束。然而即使我们脱离了"户牖"的约束，却仍然受困于外出经历所能达到的距离。即使我们仰赖于现代化的技术手段走遍千山万水，完成环球旅行，我们也受制于重力的约束而无法离开孕育了我们的地球。即使我们可以将脚步迈出地球的局限，达到太阳系甚至银河之外，难道我们可以超越无垠的宇宙吗？因此，一切技术或物质条件带来的约束都不是我们"知天下""见天道"的真正阻碍。人生活在天下，而天下乃至整个宇宙都生活在"道"的客观规律当中，这种状态本身就是一种"天人合一"，本身就足以让我们通过学习和思考，来突破生理与物理上这些形而下的局限而走入形而上的精神思想层面，真正地认识我们自身，认识"天下"，认识"道"。

是以，《老子》提出总结性的要求：不以主观片面的"行""见""为"来希图获得"知""明""成"，而要始终秉持和顺应"道"来指导自身的思想与实践，如此方能达到"天人合一"的最高境界。

第四十八章

为学日益①，为道日损②。损之又损，以至
于无为。

无为而无不为③。

取天下常以无事，及其有事④。

不足⑤，以取天下。

---

① 为学日益：一般的学习追求对知识的不断积累和增加。《说文》：
"益，饶也"，引申为增加。

② 为道日损：对"道"的认知和学习却呈现出对各种不同的价值
观和思想方式的不断减少和摈弃。"损，减也"——《说文》。

③ 无为而无不为：以"无为"思想来指导自身实践，而非教条地
采取"不为"的消极观念。

④ 常以无事，及其有事：始终以"无为"的思想和眼光来看待一
切事物，并将之引入具体的实践当中。《广雅》："及，至也。"
形成联系，推而广之，例：推己及人。

⑤ 不足：不充分、不盈满，即"道，冲，而用之或不盈"的代称。

"反者，道之动"；"大道深矣，远矣，与物反
矣"，《老子》已经向我们揭示出"道"表现出的不同

寻常的特性，本章的思想逻辑也是如此。

人的一生当中永远离不开或主动或被动的学习，无论学习生产生活技能、抑或学习科学文化知识。《老子》并不反对学习，正如"圣人"不是天生的，也不是凭空出现的，而是不断通过对知识的学习、对生活的实践来对"道"进行认知的。人在社会生活当中必然将接受各种各样的知识，但这些知识并不都是积极有益的。有些知识可以帮助人更好地认识和实践"道"，同样还有很多知识却会将人引入歧途，而背离"道"的价值观。因此《老子》主张"为道日损"，在学习的过程中，始终以"道"为标准来衡量和看待各种各样的知识，将其中有益于"道"、符合"道"的精神的知识吸纳发扬；而将与"道"不合的知识排除在外，"塞其兑、闭其门"，以避免自身受到消极不利的影响。

将这种方式引入日常生活和学习当中，长期坚持以"道"的价值标准来指导自身学习实践，排除一切主观唯心思想的影响，就可以达到"无为"的思想境界，也就能真正让自身融汇于"道"的客观发展规律当中，得以"取天下"，引领文明和社会共同获得"道"的积极推动而持续健康发展。

第四十九章

圣人常无心^①，以百姓心为心。

善者，吾善之^②；不善者，吾亦善之——
德善^③。

信者，吾信之^④；不信者，吾亦信之——
德信。

圣人在天下，歙歙焉^⑤，为天下浑其心^⑥。
百姓皆注其耳目^⑦，圣人皆孩之^⑧。

---

① 常无心：秉持"道"的价值观和立场。常无，即"道"的代称。
"常无，欲以观其妙"——《老子·第一章》。心，指人的思想
观念和精神活动。

② 善者，吾善之：对于符合"道"的价值观的人，我也以"道"
的价值观对待他。善，代指"道"的价值观，即"上善若水"
章所阐述的思想，而非一般意义的善良。

③ 德善：对前面句子做出的结论：因为"善"是"道"给出的思
想和行为准则。德，即人通过学习和领悟"道"而得出的思想
行为的指导原则。"孔，德之容，惟道是从"——《老子·第
二十一章》。有前辈学者认为本句之"德"通"得"，意为"得
到良善的结果"或"人人都会变得善良"，这种说法与上下文主
旨不合，故不取。下一句"德信"也是同样的意思。

④ 信者，吾信之：对于认同和尊奉"道"的真理的人，我也以
"道"的真理来与其交往。信，指"道"展现出的真理性质。
"道之为物……其中有信"——《老子·第二十一章》

⑤ 歙歙焉：与天下同呼吸共命运。本意指呼吸时收缩鼻孔的样子，"歙，缩鼻也"——《说文》。引申为和谐、融洽，"郡中歙然"——《汉书·韩延寿传》。

⑥ 浑其心：沉淀自身的思想，并与实践过程相融合。浑，原意积水下流，引申为水向下游流动中的沉淀现象。"浑，坠也。郝懿行义疏：浑者，水流之坠也"——《尔雅》。又有融合、交融之意，"浑沦者，言万物相浑未相离也"——《列子·天瑞》。有前辈学者训为"浑朴""质朴"，然而"圣人"必须首先有着浑朴质朴的思想才能称之为"圣人"，而非先成为"圣人"再去追求浑朴之心。

⑦ 百姓皆注其耳目：百姓的思想被生活中的视听嘈杂所灌注和影响，而无法认知"道"的存在和价值。"注，灌也"——《说文》。耳目，原意指视听，"耳目之明，如是其狭也"——《荀子·君道》。引申为认知和理解，"所患耳目不广，不能周知民间苦乐，国势安危"——元·刘祁《归潜志》。

⑧ 圣人皆孩之：圣人秉持"道"的思想和行为观念，像爱护年幼淳朴的孩子一样对待百姓。

　　《老子》倡导"圣人"治世，运用"道"的发展规律和价值观来引领文明与社会的进步。但"圣人"却与百姓之间绝不是统治者与被统治者这样的对立关系。"圣人"不是凭空从天上掉下来的，也不是独立于社会之外的隐士，而是与百姓一样，都属于人民大众这个大的范畴，其思想与行为实践必须与社会进行广泛的互动。因此《老子》说："圣人常无心，以百姓心为心"，就是说"圣人"的思想认识和价值观不同于一般百姓们持有的观念，以"常无"为根本立场，但同时要与百姓日

常生活中的思想相联系和互动，而不是纯粹抽象地追求"道"。许多前辈学者认为"常无心"即无为、不争，但需要强调的是，这种无为与不争之"德"是"圣人"治世、处事、进行社会实践的具体行为方式，而不是教条抽象的要求。

"圣人"要保持"常无心"，而百姓之"心"却是一种"我自然"状态下的世俗心。"我自然"的状态当然不符合"道"的价值观，但这种状态本身却是由"道"的规律发展出来的，是"道"的宏观规律发展出来的客观现象。因此"圣人"正视和尊重这种客观现象，不以主观好恶去强行改造百姓的世俗之心；圣人在尊重"百姓心"的前提下，以"道"的发展规律和价值观，通过自身的行为实践来引领社会的发展进步，这就是"无为"与"不争"。这种对百姓、对社会的客观状况的尊重，就是《老子》的朴素的历史唯物主义思想。

"圣人"不是孤立的、抽象的存在，而是人民大众的一员，因此"圣人"先天也有人性中必然存在的私心、私利与私欲。《老子》并不认为"圣人"是某种主观上道德完美的、近乎超越人性的"完人"，必须无条件地、不假思索地摒弃人性之私，而是通过讲"道"理，希望人能够通过学习其哲学思想，真正认识自身、认识社会、认识历史，最终认识并实践"道"而成为"圣人"。正所谓"圣人无私，故能成其私"；"圣人不积，既以为人己愈有，既以与人己愈多"，说的就是这个道理。

善与信都是社会世俗道德中的普遍观念，其内涵都带有主观唯心的性质。"圣人"认识并遵从"道"的价值观，因此对于"圣人"来说，善与信就要超越主观唯心观念，而进入"道"的价值观。在"上善若水"章，我们已经讨论了"道"之"善"的思想内涵，而"道"之"信"也同样如此。因此《老子》在本章提出，在与百姓进行互动之时，无论其思想和行为被世俗道德的标准如何评价，"圣人"都应当坚持以"道"的标准和价值观对待之。百姓的具体行为善与不善、信与不信，都是发乎于人性，无法被强力改造和扭转。因此"圣人"面对百姓的善与不善、信与不信的行为，都要坚持以"道"的立场和价值观去加以对待，也就是《老子》所说的"德"。如此"圣人"的这种"善"与"信"的思想和行为方式就能称之为"德善"与"德信"。"圣人"与百姓之间永远都应当处于一种同呼吸共命运的紧密关系，虽然百姓的思想和行为偶尔会像年幼无知的孩子一样任性而难以控制，但百姓的善恶喜怒是发乎人性本真的，因此"圣人"对待百姓始终应当"宽柔以教，不报无道"。如此，当"圣人"与百姓两者形成协调、和合的关系，那么社会自然将被"道"的积极发展规律加速推动，得到长久安泰的发展进步。

第五十章

出生——入死。

生之徒^①，十有三^②；死之徒，十有三；人之生，动之于死地^③，亦十有三。夫何故？以其生生之厚^④。

盖闻^⑤善摄生者^⑥，陆行不遇兕虎，入军不被甲兵；兕无所投其角，虎无所用其爪，兵无所容其刃。夫何故？以其无死地。

---

① 徒：人或群体的类别、归属。例：无耻之徒

② 十有三：陈鼓应先生作"十中有三分，即十分之三。许多解释者从《韩非子》的说法，把'十有三'解释为'四肢九窍'，这是错误的。王弼注：'十有三，犹云十分有三分'。"（陈鼓应《老子今译今注》）

③ 人之生，动之于死地：有些人背离了"道"的客观规律，自己将自己推上了灭亡的死路。

④ 生生之厚：过分地追求和优厚自己的生活享受。生生，通过叠字表示强调，例：生生不息，终日乾乾。厚，优厚、丰厚。"多藏必厚亡"——《老子·第四十四章》。

⑤ 盖闻：句首发语词。"盖闻人生在世，富贵不能淫，贫贱不能移"——《破窑赋》。

⑥ 善摄生者：按照"道"的积极发展规律把握、引导自己的人生不断发展进步的人。善，即"道"的积极发展规律和价值观。摄，把握、引导，"摄者，引持也"——《说文》。

从生到死、从开端到消亡，自然界的一切事物莫不如此。宇宙起源于一瞬间壮丽无比的创世大爆炸，经历亿万年之后终将走向寂灭。人类生于父母精血，无论其一生平凡还是辉煌，最终都将走向死亡的归宿。这一切，都是"道"的客观规律，不以任何人或事物为转移。因此，《老子》在本章开篇就四字点题：出生入死！

然而纵观历史我们不难发现，人类不仅仅是自然地出生、自然地死亡，很多时候还呈现出另外一种情况，这就是"动之于死地"——本来还没有临近客观规律下死亡的大限，有的人却不可阻挡地"自寻死路""自取灭亡"。为什么会出现这种情况呢？这就是因为这些人都无法认识"道"，无法明白生死之事其实都是"道"的客观发展规律在冥冥之中的"定数"使然。从历史唯物主义的角度来看，任何一个人，其一生的命运其实绝非由自己的主观意志所主导，而是无数客观因素——家庭出身、受到的教育、社会环境、历史时代、个人际遇等这些我们注意或未曾注意、掌握或无从掌握的点滴细节相互作用后共同形成的结果。因此可以说，人的一生首先应当立足于建立起积极美好的道德品质，努力奋斗进取，同时正确地看待自己的人生，在事物的客观发展规律当中顺势而为，使自己的价值观、世界观与时代和社会的客观状况相协调。正如《老子》曰："吾有三宝：一曰慈；二曰俭；三曰不敢为，天下先！"而那些悖"道"之人，骄纵狂妄、肆意妄为，贪婪地追求名利、权势，美其名曰"从心所欲"，试图按照个人的主观意志，利用那些"不道"手段得来的外物干涉、改变或者干脆脱离历史和事物的客观发展规律。然而"人之不善，何弃之有"，人终究无法违逆或脱离"道"而存在，最终"物壮则老，是谓不道。不道早已"，从"生"的光明道路主动迈入"死地"。

因此，《老子》提倡人们应当学习、认识"道"的客观发展规律和价值观，并在生活实践当中以其为指南，引导、护持自己的人生方向汇入"道"的"往而不害，安平泰"的积极发展趋势当中，是谓"善摄生者"，自然"无死地"。

第五十一章

道生之，德蓄之①；物形之，势成之②。是以万物莫不尊道而贵德。道之尊，德之贵，夫莫之命而常自然③。

故道生之，德蓄之，长之育之，亭之毒之，养之覆之。生而不有，为而不恃，长而不宰，是谓"玄德④"。

---

① 道生之，德蓄之：万物由"道"所创生，由"德"充蓄其间。蓄，填塞、充蓄之意。许多前辈学者认为当作"畜"讲，意为养育。然而《老子》曰："孔，德之容，惟道是从。""德"是"道"表现出的客观发展规律和价值观，人可以通过对"道"进行观察并加以学习和实践而有"德"，人之外的万物亦是由"道"创生，"道"的客观规律贯穿于万物产生、发展、消亡的始终，即万物之"德"。故而当作"蓄"而非"畜"。

② 物形之，势成之：各种具体的事物按照"道"的自然法则，在其他事物的共同作用之下成型和发展。物，指具体的事物，与下一句用于泛指的"万物"含义不同。"有物有则"——《诗经·大雅·烝民》。势，指控制和支配事物运动方式和方向轨迹的自然法则。"势，盛力，权也"——《说文》。

③ 莫名之而常自然：没有任何更上层的事物去主观地主宰和命令它（指"道"），它就是恒常且自然如此存在着。莫之命，是一个倒装文法，即莫命之，没有什么命令它。

④ 玄德：即《道德经》之"道德"。玄，"道"的代称，形容"有""无"纠缠共生、辩证统一的哲学状态。"无，名天地之始；有，名万物之母。此两者同出而异名，同谓之玄"——《老子·第一章》。

《老子》认为，自然界万物都是由"道"这个根本法则孕育而生，而万物顺应"道"的法则发展和前进，因此被"德"包覆和充盈，正是前文所谓"孔，德之容。惟道是从"。万物开端于"无"，经历了"无中生有"的过程，而被赋予真实具体的形体。因此万物都将"道"与"德"视为最高的真理。但"道""德"却并非超自然的、某种"神"的意志，而是纯粹的、质朴的、自然而然的状态。因此万物诞生、发展、繁荣、消亡，都是依据和顺应着"道"的客观规律。"道"支配着"有""无"这两种最基本的哲学元素发生作用，虽然《老子》反对的"有"与"为"的行为方式都是"道"的作用下的产物，但"道"的根本性质和《老子》真正倡导的价值观还是"无"与"无为"。这种辩证的、客观唯物主义的价值观就是《道德经》之"道德"二字来来源和真意。

在本章首句以哲学角度阐释了世间万物与"道德"之间的宏观关系后，第二句，《老子》以接近现代物理学的方式进一步做出了阐释。"物形之"，任何具体的事物都是与其他事物相伴相生而非孤立存在的；"势成之"，任何具体的事物的出现与发展都离不开那个抽象的自然法则的支配——"道"。所谓"势"，《说文》曰："势，盛力，权也"，"盛力"即处于强势和主导地位的"力"，这里我们不免联想到现代物理学中的"四大基本力"概念。"权"古文原意指度量衡，最初的衡器例如秤或天平，就是古人对物理学的朴素的认识和应用。又如"上善若水"，水永远都随着地势的变化而改变自身流动的态势，同样是《老子》借助最普遍和最基本的物理现象来解释"道"的客观规律和法则。因此我们说，《老子》的"道"与"德"的哲学是不折不扣的客观唯物主义思想。

正因为"道""德"如此重要，因此《老子》用拟人的手法来阐述："万物莫不尊道而贵德。"万物除了人类之外皆没有智慧，因此必然"尊道贵德"按照自然界的客观法则来发展和衍化。人类虽然有智慧，但人类同样是自然界当中的一个有机组成部分，而非脱离自然界孤立存在的，因此人类同样、甚至更加要重视对"道"与"德"的认识和实践，如此才能"与时偕进"，与万物一同获得"道"的积极发展规律的推动和促进。

"道"当然是《老子》哲学当中最重要的概念之一，但《老子》哲学讲"道"，其他与《老子》同时代甚至更早于其所处时代的各家哲学思想也同样讲"道"，区别就在于《老子》之"道"是彻底的客观唯物主义，而其他各"道"却大多都陷入了唯心主义的误区。因此《老子》再次强调:"道之尊,德之贵,夫莫之命而常自然。"文法可以拟人,用以更好地说明自己的思想和意思,但《老子》之"道"本身却是客观唯物主义的,是没有任何主观意志的——虽然扮演着"无,名天地之始;有,名万物之母"的、孕育万物、创生万物、"其可左右万物"的无上角色,但却是"道法自然"的,没有任何主观感情色彩的,没有把自身意志强加给世间万物的。

因此,《老子》教导"圣人":"大道甚夷而民好径;百姓皆谓我自然。"社会大众的生活面貌和生活方式虽然看似"不道",但从历史唯物主义和辩证唯物主义的方式来看,其实是合乎"道"在人类社会的发展规律的。因此"圣人"虽然扮演着引领文明与社会发展前进的领袖,但首先就要做到"尊道贵德",把"无为"与"不争"的思想和行为准则贯穿于自身的具体实践当中,"生而不有,为而不恃,长而不宰",将自身的发展进步与社会大众的发展进步协调起来,"和合"而形成一个有机整体,这就是"圣人"的最高境界——"玄德"。

第五十二章

天下有始^①，以为天下母^②。既得其母，以知其子；既知其子，复守其母。没身不殆。

塞其兑，闭其门^③，终身不勤^④；开其兑，济其事^⑤，终身不救^⑥。

见小曰明^⑦，守柔曰强^⑧。用其光，复归其明^⑨，无遗身殃。是谓"袭常"^⑩。

---

① 天下有始：世间万物按照"道"的客观规律，从"无"的抽象中诞生和起始。"无，名天地之始"——《老子·第一章》。

② 天下母：世间万物的根本基础和一切历史的"因"。下一句的"其子"，即由"因"产生的"果"。

③ 塞其兑，闭其门：从精神思想的角度闭塞自身与外界的联系，引申为避免和拒绝受到外界与"道"相悖的思想的影响。"兑，说也，从口、从八，象气之分散。易曰，兑，为巫、为口"——《说文》。

④ 不勤：不竭、不尽。"绵绵若存，用之不勤"——《老子·第六章》。

⑤ 济其事：主观人为地增加"有为"之事。与《老子》倡导的"为无为、事无事"的观点相悖。济，增加、添加。"盍请济师于王"——《左传·恒公十一年》。

⑥ 不救：不会得到庇佑和帮助。"天将救之，以慈卫之"——《老子·第六十七章》。

⑦ 见小曰明：能够兼顾认识到微小、抽象、不易察觉的思想观念和具象的事物，才能称之为具备全面、完整的眼光和观点。小，代指"道"的抽象、细微、不易被认知的一面。"大道氾兮……衣被万物而不为主，可名于小"——《老子·第三十四章》。

⑧ 守柔曰强：能够认识并实践以"柔"为代表的"道"的价值观，才是真正的强健、强哉矫。柔，柔韧、坚韧。"柔弱胜刚强"——《老子·第三十六章》。强，本章特指精神和思想层面的强健。"天行健，君子以自强不息"——《易·乾》。

⑨ 用其光，复归其明：运用"道"的客观规律和价值观来指导自身的行为实践，最终就能让自身融合于"道"，达到"天人合一"的最高境界。

⑩ 袭常：承袭并融合于"道"的发展大潮中。袭，承袭、继承。常，指"道"的客观发展规律。"知常曰明。不知常，妄作，凶……知常，容……没身不殆"——《老子·第十六章》。

知行合一，是中国古典哲学一贯倡导的价值追求。《尚书》曰："非知之艰，行之惟艰"，《左传》曰："非知之实难，将在行之"，无不指出"知"与"行"之间的有机关系。明代大儒王阳明首次提出了"知行合一"之说，成为其学说的精髓。但这一哲学信条并非王阳明或儒家思想所独有，《老子》同样重视之，故而在本章进行了着重强调。

"万物并作，吾以观复"——通过对事物进行宏观通盘的观察和思考，《老子》哲学提出了万物皆肇始于"道"的观点，又称"天下母"。将"道"的哲学概念与事物表现出的发展规律相结合，就能找到世间万物的哲学本质。

将这一哲学本质推而广之，引入自身的思想与实践当中，就能使得自身融汇于"大道"的发展潮流，获得积极的进步。这就是《老子》在本章首句想要表达的主旨思想。

然而从人类文明诞生至今，主观唯心主义思想始终占据着人类社会的主流地位，而《老子》开创的"道"的客观唯物主义思想哲学，却只能为少数人所认同和掌握。即使如此，"为道"之人也很容易受到外界的干扰而对"道"的价值观产生动摇乃至放弃。因此《老子》提出"塞其兑，闭其门"，坚定地把"道"的思想和价值观贯穿于自身的生活实践当中，抵制和排除一切"不道"思想和价值观的干扰，如此即能"终身不勤"，不会走入歧途。一旦在实践当中不注意保持对"道"的价值观的坚定信念，放任自身接受和吸收与"道"相悖的有害思想，则必然脱离"道"的庇佑，脱离积极健康的发展大势。

"道"之于万物，既指导和引领宏观发展，又深入影响其微观变化。因此在实践当中，既要重视在宏观角度引为指导，同样要重视深入事物的微小细节当中，即"见小曰明"。这个"明"也从辩证两方面揭示出本章的思想内涵。在深入细节的基础上，灵活掌握合乎"道"的价值观的具体的方法和手段来积极参与社会实践——"守柔"，即能立于不败之地。如此理论与实践相结合，使这种"用其光，复归其明"的辩证统一成为自身的核心精神，就是中国古典哲学思想当中的最高境界——"知行合一"，也即"袭常"。

第五十三章

使我介然有知①，行于大道，唯施是畏②。

大道甚夷，而民好径③。

朝甚除④，田甚芜，仓甚虚；服文彩⑤，带利剑，厌饮食，财货有余。

是谓盗夸⑥，非道也哉！

---

① 介然有知：对"道"的哲学思想有着充分、全面、透彻的认识，所有才有真正的"智慧"。介，辨别、对比，"介谓辨别之端"——《易传》。然，明白、明了，"虽有明智，弗能然也"——《淮南子·览冥》。知，同"智"。

② 唯施是畏：对"不道"的邪路充满畏惧。施，同"迤"，邪曲之路。

③ 民好径：一般社会大众希望可以有一条方便快捷的途径通向成功的终点。民，同"人"，古代汉语二字可互换使用，意思都是指社会大众。人、民的意思与"百姓"不尽相同，可以代指包括统治者和百姓共同构成的社会整体。

④ 朝甚除：房屋庭院打扫收拾得非常干净整洁。引申为重视事物的表面功夫。

⑤ 服文彩：衣服表面纹饰精美。文，同"纹"。纹彩，即衣服的纹饰花色。

⑥ 是谓盗夸：这就是通过悖离"道"的方式和手段满足自己穷奢极欲的行为。盗，用不当的手段获取不属于自己的东西，"微杀大夫谓之盗，非所取而取之谓之盗，辟中国之正道以袭利谓之盗"——《春秋·谷梁传·哀公四年》。夸，《说文》曰"奢也"，形容人们对穷奢极欲的追求。关于"盗夸"的意思，前辈学者多有不同解释。《韩非子》写作"盗芋"；严凌峰训作"盗魁"，陈鼓应等前辈学者解释为"强盗头子"。这些说法似与《老子》本义及全文主旨不合，故不取。

《老子》倡导万事万物包括人类社会和文明都应当与"道"的发展趋势和路线始终保持一致，如此才能获得长久的、可持续的发展。然而人类特有的智慧却使得人从本质上趋向唯心主义。当人的唯心与"道"的唯物发生碰撞，人就不免被自己的主观意识所主导，则背"道"而驰，不免遇到困难甚至走向灭亡。因此《老子》感叹："使我介然有知，行于大道，唯施是畏。"这个"知"通"智"，智慧。我们在前文讨论过，在《老子》的哲学观中，智慧本身是中性的，是客观存在的，因此《老子》从"道"的客观唯物主义立场出发，反对人类那些带有唯心主义性质的智慧，以及这种唯心主义的智慧给人类社会带来的种种问题，但《老子》并不反对智慧本身。当人类站在"道"的立场上，以"道"的客观唯物主义的价值观来施展和运用自己的智慧，让人类的智慧汇入"道"的发展洪流之中，这种智慧不但不再会带来种种唯心主义的问题，反而成为人类社会和文明发展的催化剂和助推器。这就是《老子》强调的"介然有知"，就能"行于大道"。而那个可畏的"施（迤）"即唯心主义性质的智慧的代名词。

但从实事求是的客观角度来说，现实状况却是"大道甚夷"（《说文》："夷者，平也"），就好像一个人站在一望无际的旷野当中，尽管地势空旷平坦但却如同《第十四章》所形容的"道"的形态一样，并没有一条明确的道路供人行走。因此人要经过大量的学习、观察、思考和总结，付出巨大的努力才能够找到这条道路，也就是《老子》所说的"德"。在此基础上，人还要切实地走上这条看似暗昧不清的道路，信念坚定毫不动摇毫不退缩，如此"知行合一"才能够成为《老子》所说的"圣人"，才能达到"天人合一"的最高境界。但在社会实践当中能够认识"道"、遵行"道"的"圣人"总是极少数，因此希图整个人类社会和文明都能够接受并实践《老子》倡导的价值观无疑是不切实际的。绝大多数普通人是很难"闻道"的，即使"闻道"也不免会持"若存若亡"甚至"大笑之"的态度。这就是"民好径"这种客观现象。

社会大众，上至统治者，下至一般百姓，无不为人性中客观存在的、无休止的种种欲望所支配和掌控。人们往往重视对表面功夫的修饰与美化，追求衣食住行等生活各方面的富足乃至豪奢，而不顾隐藏在这种不合理情况下的危机，任由"田甚芜、仓甚虚"的消极现象滋生和侵蚀而不自知。对于充斥社会的这种消极现象，《老子》批评曰："盗夸"——以悖离"道"的精神和价值观的手段和方法来满足自身的穷奢极欲——"非道也哉"。这种"非道"的行为，最终必将导致消极的后果，"物壮则老，是谓不道，不道早已"。

第五十四章

善建①者不拔②，善抱③者不脱④，子孙以祭祀⑤不辍。

修之于身⑥，其德乃真⑦；修之于家，其德乃余⑧；修之于乡，其德乃长⑨；修之于邦，其德乃丰⑩；修之于天下，其德乃普⑪。

故以身观⑫身，以家观家，以乡观乡，以邦观邦，以天下观天下。

吾何以知天下之然哉？以此。

---

① 善建：以"道"的客观发展规律和价值观指导自身有所建树。

② 不拔：不会被外力拔除或消亡。

③ 善抱：将自身汇入"道"的发展大潮中，让自身得到"道"的承托和庇佑。

④ 不脱：不会脱离"道"的积极发展趋势而被抛弃或灭亡。

⑤ 祭祀：古人表达对自然崇拜或祖先崇拜的仪式。引申为追怀、继承、传承。

⑥ 修之于身：通过学习和锻炼并应用于自身实践当中。

⑦ 其德乃真：这种思想与行动就会使人达到"天人合一"的最高境界。德，指人符合"道"的客观规律和价值观的精神思想与行为实践。乃，于是、就……真，古义凡人成仙，引申为中国古典哲学中"天人合一"的最高追求。"真，仙人变形而登天也"——《说文》。本句的五个"其"字，非特指"善建""善抱"的"身"这个个人，而分别是"身""家""乡""邦""天下"的代称。

⑧ 余：荫庇、余荫。

⑨ 长：繁盛、兴盛。陈鼓应先生说："长：盛大。《吕览·知度》注：长，盛也。"然而"长"应作兴盛或繁盛解，意为"乡"所代指的社会范畴都得到了"道"的推动而发展兴盛。

⑩ 丰：丰饶、富足。

⑪ 普：原意普遍、普及，引申为普惠，天下大同。"普，日无色也。日无光则远近皆同"——《说文》。

⑫ 观：观察、思考。"观，谛视也。谛，审也；视，瞻也"——《说文》。

古今解读《老子》，很多人都认为这是一种出世的、超脱的、与社会和时代无关的学问。然而通过本章就能看出，其实《老子》本义不但不出世、不超脱、不脱离社会和时代，反而要求学习者将"道"的哲学思想和精神在"其德乃真"的基础上推而广之，最终达到普惠天下、"天下大同"的理想境界。

儒家追求"修、齐、治、平"，希望通过儒者的学习和实践，经过推己及人的各个阶段来使得天下大同，本章《老子》同样也是如此。唯一的区别就在于《老子》

要求学"道"之人在"修齐治平"的过程中要始终以"道"的客观发展规律和价值观为核心。要想"道"的哲学思想能够为后世"子孙以祭祀不辍",就需要"善建""善抱"——以"善",也就是"道"的客观发展规律和价值观来指导自身的思想行为、坚定自身的信念与立场,获得"道"的积极发展规律的推动与庇佑,得到积极的结果,产生积极的价值,就能得到后世的赞誉、支持和拥护,在长期的历史发展当中影响更多人学习和实践"道"。

那么,《老子》的这种"修齐治平"对个人和社会可以产生什么作用呢?《老子》说,"道"的积极作用对于个人,可以使其达到"天人合一"的最高境界;对于家庭,可以使其和睦美满、年年有余;对于社会群体,可以使其兴盛繁荣;对于国家,可以使其强大富足。推而广之,如果整个人类文明和社会都能够学习"道"、认同"道"、实践"道",那么人类就能实现世界和平、天下大同的最崇高的发展境界。这就是《老子》所谓"圣人"的毕生的追求。

认识了"道"的益处和"圣人"不同阶段的理想追求,那么如何行动呢?《老子》特意强调了眼光和立场的问题。眼光和立场成于每个人的思想观点和意识形态。人们往往都认为自己的思想观点和意识形态是正确的,别人的是错误的、应该改变的。那么如果"圣人"也用这种观点和立场来看待他人、看待社会、看待世界,其实就已经背离了"道"而走入主观唯心的歧途。因此，《老子》提醒"圣人"必须保证自己的眼光和立场符合"道"所倡导的客观唯物主义，能够站在客观的立场上，以客观的眼光来看待他人、社会、国家和天下。以自身与外界客观实际相结合，才能得出正确的结论，做出正确的、合乎"道"的行为实践。

反过来讲，《老子》本身就是一位"圣人"，他之所以能够创立这样一门客观唯物主义的哲学思想，正是因为他能够始终站在"道"的客观立场上，以客观唯物的眼光来审视自身、审视他人、审视天下，故而能够"以此，知天下之然哉"。

第五十五章

含德之厚^①，比于赤子^②。毒虫不螫，猛兽不据，攫鸟不搏^③。

骨弱筋柔而握固^④，未知牝牡之合^⑤而脧作^⑥，精之至^⑦也；终日号而不嗄^⑧，和之至^⑨也。

知和曰常，知常曰明，益生曰祥^⑩，心使气曰强^⑪。

物壮则老^⑫，是谓不道，不道早已^⑬。

---

① 含德之厚：当"德"充盈于任何人或事物其间的丰沛饱满的状态。"含德"，即《第五十一章》"德蓄之"之义。厚，充盈、充沛之意。

② 赤子：即刚出生的婴儿，未省人事的幼儿。"大人者，不失其赤子之心者也"——《孟子·离娄下》。

③ 毒虫不螫，猛兽不据，攫鸟不搏：那些对人有害的毒虫、猛兽、猛禽尚未生长壮大，而不会伤人。本句非指这些毒虫猛兽不会伤害上句的"赤子"，而是在"比于赤子"之后继续比于这些尚未生长壮大的毒虫猛兽，来说明本章主旨。螫（shì），原意指毒虫蛰咬，与"据""搏"同引申为对人的加害。"有刑法而死，无螫毒，故奸人服"——《韩非子·用人》。

④ 握固：握拳的状态紧固而有力。

⑤ 牝牡之合：雌鹿与雄鹿进行交配。代指性行为。

⑥ 朘作：婴儿尚未发育完成的阴茎可以勃起。朘（zuī），指婴儿、孩童尚未发育的阴茎。

⑦ 精之至：（"德"带来的）精神气质充沛丰盈。精，指"德"赋予人或事物的精神气质。"孔，德之容……窈兮冥兮，其中有精，其精甚真，其中有信。"

⑧ 号而不嗄：啼哭而不会沙哑。嗄（shà），指声音沙哑，"嗄，声破也"——《玉篇》。

⑨ 和之至：（"德"使之）处于最质朴的状态下的和谐、协调。至，《说文》曰："鸟从高下至地也，从一，一犹地也。"因此"至"既有到达之意，又有终点、顶点之意。

⑩ 益生曰祥：有益的、美好的、积极的事物或条件的出现和产生，就称之为"祥"。益，泛指积极美好的事物。生，本文指事物产生、出现，非生命、生存之意。陈鼓应先生说，"益生"应当作"纵欲贪生"讲；"祥"应当作"不详"讲，例如《易传》曰："是何祥也"。其实《易传》中这个"祥"应当理解为"吉凶之兆"的代称，而非特指凶兆或不祥。《说文》曰："祥，福也，或曰善也。"

⑪ 心使气曰强：人以"道"为指导思想构建出的精神面貌，就可以称之为真正的"强"。心，指人的思想和精神活动，本章指人以"道"作为自身的指导思想。使，《说文》曰："伶也"，原意指人的行为动作，通"令"，意为支配、主导。气，指人的精神气质，非一般认识当中形而上学的"气（炁）"的概念，"专气致柔，能如婴儿乎"——《老子·第十章》。

⑫ 物壮则老：事物发展到极致，就会转而走向衰微。本句以人在不同年龄阶段的生理特征来比喻一切事物的发展过程和趋势，但非特指人类。

⑬ 不道早已：人或事物违背了"道"的客观发展规律，就会过早地陷入停滞乃至消亡。已，止也，"风雨如晦，鸡鸣不已"——《诗·郑风·风雨》。

《老子》的世界观认为，一切事物都是在不断发展变化的。从原始质朴逐渐发展衍化而缤纷复杂。同时，事物的发展轨迹和方向都是以"道"为依据的，"孔，德之容，惟道是从"，事物表现出的这种积极的发展态势，从人的认识角度来讲，即"德"。当事物发展上升到一定程度之后，就会因各种不同的原因走入下行通道，不断消减其发展态势中的积极成分。因此在事物诞生之初那种最为质朴的状态，《老子》以"赤子"称之，就是"德"最充盈、最丰沛的状态和表现形式。赤子非特指婴儿，而是代指一切质朴美好的初始状态。正如"毒虫不螫，猛兽不据，攫鸟不搏"，这些对人类可能造成危害的事物，其在"赤子"状态时仅仅是遵循了"道"的客观自然规律，在此阶段的生长发育过程当中并不会对人造成不利影响，因此与人之间是一种相安无事的共存状态。只有其生长成熟之后才会给人类带来危害，故而被人所嫌恶甚至捕杀。"物壮则老，是谓不道，不道早已"，正是《老子》以自然界的现象以喻"道"。

　　自然界的鸟兽昆虫如此，人亦如此。任何人在刚出生到智力发育完善之间，都是一种被"德"所充盈的质朴浑然的状态。这个生命阶段的婴幼儿仅依照最纯粹的本能行事，而几乎无任何主观成分。初生的婴儿虽然尚未具有智慧，身体也仍未发育完善，但婴儿经历了母体中的十月怀胎，已经将最基本的生理要素发育初成。婴儿的肌肉和骨骼无法支撑身体直立，但已经具备握拳蹬腿的基本能力；生殖系统虽未发育成熟，但构成阴茎的肌体已经可以充血勃起，具备了泌尿排泄的功能；婴儿啼哭的原因，无论是饥饿，抑或是病痛，都是用这种最基本最原始的方式来提醒大人加以关注，以借成年人之力使自己在幼年成长过程中获得帮助。这种被称之为本能的自然生理现象，纯粹是"道"的客观规律所致，不含有任何杂质，"道之为物……其中有精，其精甚真，其中有信"，故而谓之"精之至"；不受任何主观思想的干扰，不对任何人造成不良影响，故而谓之"和之至"。因此《老子》谓之"赤子"的这种状态，曰："含德之厚"。

"和"即"和谐"。但《老子》所谓"和谐"与儒家思想当中的"和谐"有很大不同。儒家所谓"和谐"是寄望以主观道德教化来实现的一种纯粹理想化的状态。而《老子》倡导的"和谐"却在于所有人都按照"道"的客观规律和价值观来行事而实现的。在实践过程中，"圣人"首先以"道"为纲，在约束自己的同时，引领社会大众共同发展前进；对于"不道"的事物，不是消极地躲避，或激进地消灭，而是以合乎"道"的方式令其自然走向消亡。《老子》强调，"知和曰常，知常曰明"，这就要求我们运用辩证唯物的思想和眼光来看待社会发展常态，客观地看待社会生活中自然存在的不同价值观的事物。而非片面教条地区分"道"与"不道"，甚而片面教条地采取行动，重新落入主观唯心的陷阱。

《老子》又说："益生曰祥，心使气曰强。"这句话在许多前辈学者的注解当中，认为是反话正说："祥"是不祥之兆、不好的事物，"强"是"柔弱胜刚强"的僵化之意。但本文不这么认为，例如《老子》原文中多处使用"……曰……"的句式，都是直接给出准确定义，而非文学修辞之用：《十四章》："视之不见，名曰夷；听之不闻，名曰希；搏之不得，名曰微。"《十六章》："归根曰静，静曰复命，复命曰常，知常曰明。"《二十四章》："其在道也，曰'余食赘行'。"《二十五章》："强字之曰道，强为之名曰大。大曰逝，逝曰远，远则反。"《五十二章》："见小曰明，守柔曰强。"《六十七章》："吾有三宝，持而保之。一曰慈；二曰俭；三曰不敢为，天下先。"皆是此例。另外，结合本章主旨，我们可以认为《老子》所称道的"赤子"的生长过程就是"益生"——对生命成长过程中有益的、积极的、合乎"道"的价值观的事物，都可以称之为"祥"；秉持"道"的客观发展规律和价值观，坚定"道心"并以此指导自身的行为实践，构建自身的精神面貌，即"心使气"，这种完善的人格就称之为真正意义上的"强"。

第五十六章

知之者弗言，言之者弗知①。

挫其锐，解其纷，和其光，同其尘②，是谓"玄同"③。

故不可得④而亲，不可得而疏，不可得而利，不可得而害，不可得而贵，不可得而贱。

故为天下贵。

---

① 知之者弗言，言之者弗知：懂得"道"的真理不能仅仅表现在理论言说，看似理论高明地夸夸其谈不等于真的懂得"道"。传世本作"知者弗言，言者弗知"，现据《郭店楚简》作本文。前辈学者训"知"为"智"，"言"解为"政教号令"，似与全文主旨不合，故不取。

② 挫其锐，解其纷，和其光，同其尘：磨平它的棱角、消解它的纷乱、调和它的光彩、和同它的微小细节。本句传世版本重见于第四章，疑为错简重出，且与第四章主旨不合。

③ 玄同：与"道"融合协同，即天人合一的思想境界。玄，形容有、无纠缠共生的哲学形态，即"道"的代称。"玄"所隐含的辩证与"同"代表的统一，就是"道"的最高思想境界。

④ 得：得到"道"带来的益处。

在中国古典哲学的发展过程中，无论哪家哪派的学说，无不强调将其思想理论落实到人生实践当中，而非将之高高地供奉到神龛当中束之高阁，搞成彻底的形而上学。这就是"知行合一"的理想和境界。因此在本章，《老子》首先就强调"知之者弗言，言之者弗知"。学习和掌握了"道"的思想理论，目的在于用其指导自身建立完整的、全面的人生观、世界观、价值观，将自身的思想行为与"道"协同、与时偕进，进而成为推动整个社会发展进步的"圣人"，而非那种"落笔虽有千言，胸中实无一策"的"小人之儒"。

人类社会是广泛而复杂的，在任何历史阶段都存在着种种精神思想和实际利益上的矛盾、冲突、纠纷，阻碍着社会和文明的健康发展进步。因此《老子》倡导"圣人"要"多言数穷，不如守中""弗言"，不可自以为是夸夸其谈，而是用实践行动去"挫其锐、解其纷、和其光、同其尘"，协调和化解各类矛盾、冲突、纠纷，将个人的思想成就与社会整体的前途命运有机结合起来，以利社会和文明整体健康向上发展进步。

在寻常的社会体系当中，人与人之间因伦理、文化和利益的关系，必然形成亲疏、利害、贵贱的价值观。"圣人"不是超然独立于社会之外的人，而是积极参与到社会实践中的活生生的人，因此在遇到这种伦理观和价值观的挑战时，就更要时刻提醒自己以"道"的价值观为立足点。正如《中庸·子路问强》所云："君子和而不流，强哉矫；中立而不倚，强哉矫。"同时应该认识到，自身的一切利害得失，都是"道"在发挥着作用。在具体的情况中，"道"往往会呈现出"或利或害"的一面，因此"圣人"更要秉持"无为"与"不争"，坚定地实践"道"的价值观，而不可以因为眼前的具体利益而对"道"的信念产生动摇，或以投机的思想来看待和实践"道"。如此才能达到"天人合一"的最高境界，而为天下所贵重。

第五十七章

以正治国，以奇用兵，以无事取天下[1]。吾何以知其然哉？以此：天下多忌讳[2]，而民弥贫；人多利器[3]，国家滋昏；人多伎巧[4]，奇物[5]滋起；法令[6]滋彰，盗贼多有。

故圣人云："我无为，而民自化；我好静，而民自正；我无事，而民自富；我无欲，而民自朴。"

[1] 以无事取天下：以清静无为的方式，按照"道"的客观发展规律来取信于天下，参与社会实践。无事，无为之事，以"道"的客观规律和价值观来行事。取天下，非狭义上的夺取政治权力。

[2] 忌讳：社会生活中不符合"道"的价值观的、毫无意义的各种礼教禁忌与规则约束。"天子方从谏，朝廷无忌讳"——白居易《初授拾遗》。

[3] 利器：给人带来便利的工具，引申为人用来攫取财富、权力的方法和手段。"王纯甫说：'利器，即国之利器，智慧权谋之类也'"——陈鼓应《老子今译今注》。

[4] 伎巧：原意指技术、技艺，引申为不符合"道"的价值观的、损害文明和社会健康发展的奇技淫巧。

⑤ 奇物：由"伎巧"创造和发展出的消极、败坏的种种事物。"简本作'可戈物'，'可戈'应读为苛刻、苛细之'苛'，'苛物'犹言'苛事'，'苛'字用法与'苛政''苛礼'之'苛'相类（裘锡圭说）。范应元本作'衺事'。范说，'衺'与'邪'同，不正之事。"——陈鼓应《老子今译今注》

⑥ 法令：统治者制定的法律、律令。与现代法治社会的法律不同，本文特指封建社会统治阶层为维护自身的权威和利益，压迫和剥削百姓，而从主观唯心角度制定的种种不符合"道"的客观发展规律和价值观的法令律例。郭店简本与帛书本作"法物"，前辈学者训之为"好物"、珍好之物，恐与全文主旨不合，故不取。

回顾历史可知，国家的兴亡、时代的进步、社会的发展，皆脱离不了"道"的客观发展规律。然而在人类文明历史的长河中，因违背"道"而走入歧途乃至灭亡的历史悲剧却时有发生。因此，《老子》文中不断强调"无为"与"不争"的观念和思想。

在《老子》成书时代，封建社会的统治者们却以"君权天授"的名义，以客观唯心主义的思想来蒙蔽人民、包装自身；以主观唯心主义的哲学思想为基础，制定了一整套"人吃人"的人伦礼教制度，为自身的统治和利益服务。"君君臣臣，父父子子""臣子避讳，天经地义""男女授受不亲"等教条，何其荒谬！这些封建礼教制度极大地限制了社会生产力的发展，在为统治者带来利益的同时却使得民不聊生、人性压抑。在这样一种社会环境中，人民大众的上升通道和生存空间都极其狭窄，要想摆脱处于社会基层的被剥削、被压迫的生存状况，要么通过暴力手段推翻现有统治者（然而人民通过流血牺牲换来的改朝换代却仍然无法彻底摆脱残酷落后的封建制度），要么就不得不努力采取各种奸诈巧智从而使自己加入封建权贵和剥削阶级的群体中，成为又一个"吃人的人"。

虽然封建社会在特定的历史阶段也曾出现一些开明繁荣的"太平盛世"，但这种历史时期在整个封建社会历史中往往都是昙花一现，"揣而锐之，不可长保"，最终仍然会陷入动荡与消亡的状况当中。从根本上讲，这种情况就是《老子》所说的"不道早已"——社会制度的核心基础悖离了"道"的客观发展规律和价值观。因此《老子》提出，以正、无事、无为、好静、无欲的方式，以"道"的思想为指导，如此建立的社会制度才能长治久安，得到"安平泰"的积极的、可持续的发展。

第五十八章

其政闷闷①，其民淳淳②；其政察察③，其民缺缺④。

祸兮，福之所倚；福兮，祸之所伏。孰知其极⑤？其无正⑥也。

正复为奇，善复为妖⑦。人之迷⑧，其日固久。

是以圣人方而不割，廉而不刿，直而不肆，光而不耀⑨。

---

① 其政闷闷：掌权者的政策和施政手段沉着而平静。闷，原意指气闭不流通，引申为沉默和安静。"闷然而后应"——《庄子·德充符》。

② 其民淳淳：人民大众在社会生活中表现的朴实、安宁。

③ 其政察察：政策和律法纠缠于教条具体的细节当中。察察，即苛察之意。"欲温温而和畅，不欲察察而民切也"——《晋书·皇甫谧传》。

④ 其民缺缺：社会生活中的问题和缺陷也就更多更复杂。缺，原意指器物破损，引申为问题和缺陷。"缺，器破也"——《说文》。

⑤ 孰知其极：谁能明白它的根本原因。《说文》曰："极者，栋也"，原意指建筑中最高处的主要横梁，引申为事物的核心、根据。

⑥ 其无正：它没有一个定准、定论。正，原义"从一而止"，以"一"为定准。"正，是也，从止。徐锴曰，守一以止也"——《说文》。

⑦ 正复为奇，善复为妖：正面的演变到反面，原本积极美好的变得异常。《说文》："奇，异也"，本文指与"正"不同、相反的方面。妖，变异、异常"在德为祥，异常为妖"——《孔臧·鸮赋》。

⑧ 人之迷：指事物表现出的"其无正"的特性带给人们的迷惑。人，泛指人类社会，非单指统治者或百姓其中一方。

⑨ 圣人方而不割，廉而不刿，直而不肆，光而不耀：圣人形象端正、个性有棱角、诚恳正直、人格光大，但不会因此而肆意妄为、侵害他人、处处炫耀自己。《说文》曰："廉，仄也"，原指器物的棱角。

　　《老子》哲学思想是一门客观唯物主义的思想，是将辩证唯物主义与历史唯物主义贯穿始终的思想。因此，学习《老子》思想就要重视本章阐述的"坚持真理，反对教条"的思想观念。

　　《老子》说："祸兮福之所倚，福兮祸之所伏"，又说："正复为奇，善复为妖，其无正也"，就是对其辩证唯物主义思想的阐述，同时也是对教条主义的反对。因此，我们学习《老子》，吸收并用之指导自身实践的时候，也要注意辩证地理解和寻找"道"与"德"的位置和界限，而避免把《老子》的某些具体的字句当作教条，而落入唯心主义的误区。

　　例如本章首句"其政闷闷，其民淳淳；其政察察，其民缺缺"，千百年来在诸多阐释解说当中，就出现了不少主观教条的情况。很多人因此认为《老子》鼓吹政治保守主义，又或因"小国寡民"而认为《老子》是政治空想主义。这些认识其实就是教条主义，而没有真正理解《老子》本义。

闷，在本文当中应该理解作"闭合"，《老子》所谓"其政闷闷"，就是认为政治应当闭合于"道"的客观发展规律之中，遵循"道"的时代特征，从而保持安宁与稳定。用符合当下实际历史情况的具体政策来促进社会的发展进步，这正是"与时偕进"，也即"不敢为，天下先"的道理所在。如此制定的政策也必然是最适宜人民大众在其所属历史时代的客观生活实践的，如何可以说是政治保守主义呢？而所谓"其政察察，其民缺缺"，也同样是这个道理。社会实践当中的政策与法律，其根本目的始终是为了满足社会的稳定与发展的客观需要，而非出于某种抽象的、纯粹形而上学的"正义"与"高尚"，因此任何政策与法律，一旦失去了促进社会稳定与发展的根本目的，仅仅是为了追求"高尚"与"正义"而处处陷入事物的细枝末节当中，那么这样的政策与法律必然沦落为社会发展进步的绊脚石，而非积极助力。

任何事物的存在都有其正面与负面的意义和影响，以辩证思维来认识这一规律，才能做到脚踏实地、实事求是，才能客观全面地评价事物，并指导自身实践。然而就像我们在其他章节讨论的那样，人类独有的智慧也使得人类产生了主观唯心的问题，迷惑了人们认识自身、认识世界的眼光。社会一般大众抱持这样的思想和眼光是某种客观的"我自然"的状况，但"圣人"却必须意识到这个问题，并加以重视和完善，否则在其引领社会发展进步的道路上不但会遭遇挫折与困难，更有可能会对人民大众的根本利益造成巨大的危害。因此，《老子》再次对"圣人"提出了具体的要求：正直可靠、实事求是、谦虚谨慎，一切行为实践以"道"为纲——"一曰慈；二曰俭；三曰不敢为，天下先"——不去侵害人民大众的根本发展利益。正如《易·坤》曰："直方大，不习，无不利。"

第五十九章

治人事天，莫若啬①。

夫唯啬，是谓早服②；早服，谓之重积德③。

重积德，则无不克④；无不克，则莫知其极⑤；莫知其极，可以有国⑥；有国之母⑦，可以长久。

是谓深根固柢、长生久视⑧之道。

---

① 啬：收获庄稼，泛指农事。古文啬字从来从回，来象庄稼，回象谷仓，意为将粮食存储进谷仓。本文引申为农事耕收表现出的客观规律。服田力啬——《汉书·成帝纪》。有前辈学者认为当作"爱啬（爱惜）"讲；或作节约、节省，《韩非子·解老》曰"少费谓之啬"，此二者意思与全文主旨不合，故不取。

② 早服：尽早开始从事（耕种工作）。早服是《老子》对"啬"这个概念的延伸和解释。只有遵照气候时节的客观条件及早开始进行播种，到了收获时节才能收割粮食存入谷仓。古文"服田"即从事农业劳动之意。

③ 重积德：合乎"道"的价值观的积极的行为不断积累和增加。重 chóng 积，多重、层层累积。"重积"即"早服"（勤劳耕耘）——"啬"（有所收获）这一过程的不断重复。"积善之家必有余庆，积不善之家必有余殃"——《易·坤》。德，非指一般意义上的道德，而是指符合"道"的客观发展规律的价值观的具体行为实践。

④ 无不克：没有什么不能承担和战胜的。克，肩也——《说文》。圣人"重积德"故而无往不利，可以承担任何重担、战胜一切困难。"地势坤，君子以厚德载物"——《易·坤·象》。

⑤ 莫知其极：无法估量他的能力品格的高度极限。

⑥ 可以有国：可以正确合理地执掌统治权力，引领社会发展和进步，即"治人事天"。

⑦ 有国之母：执掌统治权力的根本依据和法则，即"啬""早服""重积德"所代表的"道"的价值观。

⑧ 长生久视：长期地、可持续地发展。长生，即长期发展之意，非指人的寿命长久。"生生之谓易"——《周易·系辞上》；久视，即可对其进行长期的观察。视，瞻也、观也。"万物并作，吾以观复"——《老子·第十六章》。

···

《老子》认为，宇宙万物的发展前进的哲学本质，都是从小到大、由点及面，从事物的微观细节决定其宏观整体态势。万物如此，人类社会亦如此。因此"圣人"在"治人事天"、管理人类社会的过程中也要遵循这一客观法则，从"早"入手、从微观细节入手，将自身与社会的发展进步始终与"道"的客观发展规律和价值观相结合。以农事为例，根据农业生产的客观规律来指导生产过程中的各个环节，从一而终、慎终如始，最后就能得以收获。这就是"啬"的意义。

春天耕种——秋天收获，这个生产过程中的每一个微观、具体的技术细节的不断积累和累加，最后得到积极美好的结果，即谓"重积德"。"合抱之木，生于毫末；九层之台，起于累土；千里之行，始于足下"，合乎"道"的积极的行为不断累加，就能始终获得"道"的积极发展规律的推动和助力，即使遇到困难和问题，也能被"道"所化解，得到"往而不害，安平泰"的积极结果，故而"无不克"。

"道"推动事物发展进步的能量是长久的、可持续的，无论农事抑或国事，只要以"道"的哲学思想为立足点和构建事物的基础，那么这个基础就可以"深根固柢"；顺应了"道"的客观发展规律，以"道"为指南，克制和收敛自身主观的"不道"思想的干扰，一切事物的发展进步都可以"长久"，都可以"长生久视"。正如《第六十四章》所言："以辅万物之自然而不敢为。"

第六十章

治大国，若烹小鲜。

以道莅天下，其鬼不神①。非②其鬼不神，其神不伤人③；非其神不伤人，圣人亦不伤人。夫两不相伤④，故德交归焉⑤。

---

① 其鬼不神：社会中原本由唯心思想产生的鬼神之论都会失去其神秘性，无法对社会形成干扰。"其鬼不神"是《老子》采用的文学修辞方式，不应以字面意思去理解。引申为以"道"的客观唯物主义思想来压制和排除唯心主义思想的不良影响。其，代指天下，即社会中原本存在的各种"不道"的思想和事物。

② 非：不仅。

③ 其神不伤人：社会中客观存在的主观唯心思想无法对人们造成原本那样的不良、不利的影响。

④ 两不相伤：社会大众和"圣人"共同得到发展进步，不会损害他人的利益。两，代指前文的"人"即社会大众与"圣人"的二元关系。

⑤ 德交归焉：社会大众与"圣人"的二元关系达成辩证统一，融汇于"大道"之中。德交，指大众与"圣人"共同遵循"道"的积极发展态势。归，本义指女子嫁人，引申为男女二人结为夫妻，形成一个家庭。"之子于归，宜其室家"——《诗·周南·桃夭》；第二层含义为趋向、去往，例如：众望所归。

"治大国，若烹小鲜"，可以说是《老子》留给后世最知名的政治格言，从古代帝王将相到现代政治家，这句话被无数次引用。河上公注曰："烹小鲜不去肠，不去鳞，不敢挠（古通"扰"），恐其糜也。"《韩非子·解老》曰："事大众而数摇之，则少成功；藏大器而数徒之，则多败伤；烹小鲜而数挠之，则贼其泽；治大国而数变法，则民苦之。是以有道之君贵静，不重变法。故曰'治大国若烹小鲜'。"这里我们看到，韩非子与河上公的注解虽然接近了《老子》的字面意思，但离全文主旨还有一定距离。烹小鲜不可挠，治万民不可扰，这种大的思路固然有一定道理，但却走入了对"无为"思想的教条误区。《老子》哲学及现代客观唯物主义思想无不提醒我们，一切事物都是在不断发展和变化的。因此人要以发展的眼光积极应对事物的变化，协调和适应国家与社会当中正在发生的变化，而不能用教条的方式去理解《老子》思想。

王弼注曰："治大国若烹小鲜，不挠也。躁而多害，静则全真。故其国弥大，而其主弥静，然后仍能广得众心矣。"可以代表人们对这句话的基本理解和诠释。王弼同样主张"不扰"，但同时引入了"重为轻根，静为躁君"的辩证思想，认为治国者认识到"躁"的危害，从而坚持"守静"，用这种辩证的方式来作为指导思想，调整政治策略，就能在避免对"无为"思想教条化的同时"广得众心"。唐玄宗在其《御注道德真经》中注解曰："烹小鲜者不可挠，治大国者不可烦，烦则伤人，挠则鱼烂矣……小鲜，小鱼也，言烹小鲜者不可挠，挠则鱼溃。喻理大国者，不可烦，烦则人乱。皆须用道，所以成功尔。"最后这句"皆须用道，所以成功尔"，可谓深得《老子》三昧。

因此我们说，《老子》虽未言明治大国与烹小鲜之间的异同，但其表达出的辩证唯物主义的思想却是不言而喻的。无论治国，抑或烹鱼，皆要遵循事物发展的客观规律。烹小鲜要根据小鱼本身的特点，结合当时的烹饪技术手段，用最恰当的方式保其鲜而可食。治大国则要正确地认识所处的历史背景、社会背景、时代背景，以"道"的客观发展规律和价值观来引领社会和人民大众获得积极进步。对于符合时代背景的政策要持而保之并不断结合实际来优化完善；而对落后于时代和社会发展需要的政策，则要及时进行革新改变。一言以蔽之："以道莅天下"，这也是本章第二部分的首句，以及本章文眼。

任何人的思想意识都会有主观唯心的成分存在，负有治国之责的侯王圣人也是如此。因此只有把"道"的客观发展规律和价值观摆在一个核心位置上，以之作为指导思想，才能排除自身主观唯心思想可能对治国大业造成的危害。《老子》并不承认各种鬼神之说，因此本章"其鬼不神"等句中，鬼神即社会大众所持的主观唯心思想的代称。古代社会中无论是统治阶层还是普通大

第六十章

众阶层，往往都将未知的事物神秘主义化，习惯于通过各种祭祀祈求鬼神保佑来达到趋吉避凶的目的。但通过对"道"的学习和认识，就可以明白任何天灾人祸其实都是各种客观因素不断运动和变化所导致的，并不以任何人或鬼神的主观意志为转移。因此，当"道"的客观发展规律和价值观成为社会主流，那些主观唯心、浑水摸鱼的错误和愚昧的思想自然无从立足，无法对社会和人民大众的积极发展产生危害，故而"其鬼不神，其神不伤人"。

《老子》认为，负责引领文明和社会发展前进的"圣人"必须是与社会中人民大众拥有共同利益的积极的合作者，双方的关系必须是一种"和谐"与"大同"的有机结合关系。因此"以道莅天下"首先要立于"圣人"自身的思想精神当中。"欲正人，先正己"，"圣人"自身首先"尊道而贵德"，才能把"无为""不争"的思想贯彻于治国执政的实践当中，避免对社会大众进行主观的搅扰，如此才能在"百姓皆谓我自然"的状态下达成广泛的发展与进步。因此《老子》说："圣人亦不伤人。"同样，人民大众的根本利益其实就是生产力不断发展，自身的生活水平不断提升。因此人民大众自然不会反对甚至伤害"圣人"的积极有益的发展大政，反而会顺应发展利益的潮流而自动融汇其中。这种双方积极良好的互动协调，就是"两不相伤，故德交归焉"。

第六十一章

大邦①者下流②，天下之牝③，天下之交④也。牝常以静胜牡，以静为下。

故大邦以下小邦，则取⑤小邦；小邦以下大邦，则取大邦。

故或下以取，或下而取。

大邦不过欲兼畜⑥人，小邦不过欲入事⑦人，夫两者各得所欲。大者宜为下。

---

① 大邦：大国。

② 下流：处于下游。引申为采取谦下、尊重、包容的姿态。"江海所以能为百谷王者，以其善下之，故能为百谷王"——《老子·第六十六章》。

③ 天下之牝：化育天下、推动天下共同发展进步的领袖角色。牝，母鹿。

④ 天下之交：不同文化、不同民族之间的交流融合之地。交，汇合、聚集。

⑤ 取：陈鼓应引用前辈学者认为"取"同"聚"，聚积、凝聚。"聚，会也。邑落云聚"——《说文》。

⑥ 兼畜：兼容并蓄。指包容、尊重他人的存在，并与之协同发展。非兼并、吞并之意。兼，指各方面都可以容纳、照顾到。畜，同"蓄"，积聚、蓄养。

⑦ 入事：参与、加入到他人发展进步的进程当中。事，泛指人类文明与社会发展进步的一切事物，即"治人事天"。非"入仕"、侍奉他人之意。

　　国家，无论是《老子》时代封建社会的诸侯国，还是我们今天这个时代的现代国家概念，都是由人民大众组成的社会群体。不同国家可以有不同的文化、不同的制度、不同的意识形态，但其相同的地方，就是所有性质的国家都以社会的发展进步为根本追求和存在意义。不同的国家因其人口数量、发展历史、经济体量、政治制度的不同而形成大小不同的国家体量和规模。当大国在国家实力上占据优势，并且因为政治、文化、意识形态和发展空间等因素产生扩张的要求时，小国往往就会成为牺牲品，被大国欺压、侵略，乃至被吞并。国与国之间的关系可以说是人类文明和社会发展进步过程中的主要命题。

　　在人类文明史上，国与国之间的矛盾往往最终发展成暴力战争。战争当然从某种角度上推动了文明和社会的前进，但也使得生灵涂炭、百姓遭殃，甚至在文明发展前进大潮的局部形成倒退的逆流，"是谓不道"。因此《老子》反对那些非正义的战争，反对大国用暴力手段胁迫和侵略小国。正如前文所说，国家无论大小，其目的都是为了自身文明和社会的发展进步，在追求这一目的的时候往往会遭遇各种困难和问题，但要解决这些困难和问题并非只有战争这一种方式和手段。在国际政治中，大国因其文化、科技、经济和人口规模等因素，必然占据主导地位。正如我们前文谈到的任何人都不可能脱离社会而独立存在一样，即使是居于领先地位的大国也不能脱离人类文明社会这个整体而独立存在。大国主导和引领发展前进的方向和步伐，但必然需要得到其他国家的协作与配合，才能突破自身的瓶颈和外部环境的限制，避免出现停滞乃至衰退，而保持稳定的、可持续的发展——"兼畜人"。相对而言，小国没有大国的综合实力，因此其发展进步受到各种客观条件的制约也就更多，全局角度的发展能力更弱、速度更慢，因此必须聚合于先进的大国，依靠大国提供的市场、技术、人力资源等方面来弥补自身的短板、保障自身的发展需求——"入事人"。正是因为大国与小国之间呈现出的这种关系，《老子》提出大国之于小国，应当成为"天下之牝"——引领小国发展进步的领袖；"天下之交"——不同文化、不同民族构成的各个小国们可以交流融合的中心。

那么要想成为这种角色，大国就需要采取"大邦者下流"的对外政策，以海纳百川之势来尊重、包容他国；以平等、公正的方式与小国建立起协作关系——"以静为下"，以稳定、谦虚、谨慎的态度来约束自身所处的主导地位。根据各自实际情况进行国际分工，各展所长、补他人所短，协力发展而"各得所欲"，在国际社会整体的发展大潮中以和平共处、互惠共赢的积极方式来取代侵略战争的"不道"手段。如此，国家之间无论大小都可以"聚"于"道"中，而获得积极推动以满足自身发展进步的根本需求，同时避免战争带来的消极可怕的灾难后果，以致"天下大同"的最高境界。

第六十二章

道者，万物之奥①，善人之宝②，不善人之所保③。

美言可以市④，尊行可以加人⑤。

人之不善，何弃之有⑥？

故立天子、置三公，虽有拱璧以先驷马⑦，不如坐进"此道"⑧。

古⑨之所以贵⑩此道者何？不曰：求以得，有罪以免耶⑪？故为天下贵。

---

① 万物之奥："道"的客观规律和价值观支配万物、化育万物，因其"深不可识"而不易被认知和理解。奥，原意指房屋的西南角、房屋内部深处，"奥，宛也，室之西南隅"——《说文》。引申为深奥、精深、不易理解。"雅诰奥义"——《书·序》。

② 善人之宝：对于尊奉"道"的人来说是最重要、最值得珍视的思想价值。"善人"，即以"道"的客观发展规律和价值观来指导自身行为思想的人，非一般意义上善良的人。宝，珍贵的东西，《老子》以此字来强调"道"的重要性。"我有三宝……""轻敌几丧吾宝"——《老子》。

③ 不善人之所保：对于不认同的"道"的人，"道"依然在客观上推动和影响其在社会中的发展和前进。"保，养也"——《说文》。

④ 美言可以市：华丽的、经过包装的言辞可以帮助人在社会活动中攫取更大的财富和价值（但却容易使人被眼前的利益迷惑而悖离"道"的价值观）。美言，华美的言辞。"言，直言曰言，论难曰语"——《说文》。《老子》倡导"圣人"应当重"信言"而非"美言"，"信言不美，美言不信"——《老子·第八十一章》。市，原意指买卖贸易的场所，"市，买卖所之也"——《说文》，引申为换取经济利益的社会活动。

⑤ 尊行可以加人：认同"道"的价值观而有所约束和节制的言行可以促进人的发展和进步。尊，同"撙（zǔn）"，节制、谦抑，"谦尊而光"——《周易·谦》。"加，语相增加也"——《说文》，原意为以呐喊来提供助力，"加人"引申为对人的发展和进步有所促进和助力。有前辈学者释"尊行"为可贵的、高尚的行为，与本章主旨不合，故不取。

⑥ 人之不善，何弃之有：主观上不认同"道"的人，难道就能脱离客观的"道"而独立存在吗？不善，对"道"的客观规律和价值观持否定和怀疑态度的人。弃，离开、脱离。"子弃寡人"——《战国策·秦策》。

⑦ 立天子、置三公，虽有拱璧以先驷马：盖言封建社会的统治者建立起的世俗礼教制度，希望以此来统治人民、保障社会秩序不发生动乱。然而在《老子》所处的春秋时代，这套封建制度已经"礼崩乐坏"，完全丧失了维系社会稳定与发展的能力。天子，古代封建社会，统治者自称其皇命受之于天，来标榜其统治的合法性；三公，周代以太师、太傅、太保为三公，非实职官吏但地位崇高，贤者居之，辅佐天子统领朝政；拱璧，需要双手合抱的大型玉璧，天子祭天的礼器；驷马，四匹马拉的车，周代礼制规定"天子驾六，诸侯及卿驾四"，引申为地位显赫之人所乘之车。

⑧ 坐进此道：停止并改变原来的制度而进入《老子》之"道"的发展潮流之中。坐，本意坐下，引申为停止行动，改变身体姿态为固定的坐姿。"坐，止也。从土，从畱（留）省。土，所止也。此与畱同意"——《说文》。此道，即《老子》之"道"，呼应本章首句，与"立天子、置三公"所代表的世俗礼教之道相对。

⑨ 古：特指古往今来那些认识"道"、尊奉"道"的客观发展规律和价值观的"圣人"们，与最后一句的"天下"所代指的今天及后世的社会和文明这个整体性概念相对。并非泛指古人。

⑩ 贵：珍视、重视。

⑪ 求以得，有罪以免耶：人们在日常社会活动中的物质需求可以得到满足，可能遇到的过失、错误和灾祸可以得到避免。

《老子》成书迄今已两千多年，古往今来解说注释者甚多，然而得窥门径者甚少。故而在开篇首章《老子》叹曰："天下皆谓我道大，似不肖。"然而无论人们如何看待，"道"都始终永恒存在着，扮演着"天地之始、万物之母"的角色，并且不为任何外物所动，以自身的客观规律左右着万物的生灭兴衰。

万物皆以"道"的客观发展规律为自身的发展方向，唯独人是例外。人类独有的智慧使得自身脱颖而出，发展出了伟大的文明。然而智慧也给人的思想带来了主观唯心的问题，蒙蔽了人从客观角度认识自身、认识世界的双眼。"五色令人目盲。"这种人类文明和社会独有的问题潜藏着诸多隐患，如不加以改善，长久必会使人类文明被"道"所抛弃而走向湮灭。因此《老子》认为，人应该学习"道"、认识"道"，以"道"的客观发展规律和价值观来指导自身的发展进步，这样的人就是《老子》所谓的"圣人"。"圣人"在使自身获得"道"的庇佑的同时，又"以道莅天下"，肩负起引领整个文明和社会共同发展和进步的责任，天人合一，与时偕进，长生久视。

然而人类社会是由一个个独立的人的个体组成的，每个人都有各自不同的思想和观点。这种客观状况就决定了"圣人"以"道"来治理天下、改造世界的时候，必然受到社会中种种"不道"的思想和行为的干扰。而"圣人"也是人，也有人类与生俱来的主观欲望，因此同样容易受到社会当中种种诱惑的影响。故而《老子》提醒："吾有三宝，一曰慈；二曰俭；三曰不敢为，天下先。"就是要求"圣人"时时警醒自己，尤其在参与社会实践的同时，要避免"美言以市"的贪慕虚荣，而以"道"的价值观来约束自己的思想和行为，克制自身存在的"不道"的缺点，以获得发展和进步。

同时需要注意，人类社会当中种种看似"不道"的事物和现象，其实都有其存在的必然性与合理性，从辩证角度来看，是符合"道"的客观发展规律的。"圣人"需要做的是以"道"的方式对这些事物和现象进行积极的影响，而不可自以为是、把自己摆在一个高高在上的位置，而对外界弃之不顾。"道生之，德蓄之"，"道"的积极影响是普世的、客观上贯穿于社会中每一个人的，即使许多人抱持着不认同、不理解的思想态度，也都无法主观脱离"道"的客观发展规律而孤立存在。因此对于"圣人"来说，无论其生活的社会处于什么样的历史阶段、采用什么样的社会制度、存在什么样"不道"的问题，但在"圣人"的实践和帮助之下、在"道"的积极推动之下，困难和矛盾可以得到化解和改善，而走上健康的发展和进步之路，"然后乃至大顺"。

第六十二章

第六十三章

为无为，事无事，味无味①。

大小多少②。

图难于其易，为大于其细。天下难事，必作③于易；天下大事，必作于细。

是以圣人终不为大，故能成其大。

夫轻诺必寡信，多易必多难。是以圣人犹难之，故终无难矣。

---

① 味无味：摈弃主观立场，从客观角度看待和感受事物的本质。前一个味作动词，意为人通过自身感官去体味和感受事物。后一个味作名词，原意为食物的味道，"无味"引申为事物从"道"的哲学角度表现出的性质。

② 大小多少：任何事物都在"道"的客观规律下不断地变化与转化，这一过程中都会呈现出大——小、多——少，这样简洁精微的基础辩证关系。前辈学者多有认为此句疑为与其他章节错讹的说法。然而本章重点就是通过把复杂的事物从"道"的哲学角度简单化，并说明如何运用这种辩证关系来看待和解决问题。例如下一句的难——易、大——细的辩证关系。《郭店楚简》本句作"大小之"，意思同样是任何事物的发展过程都可以简化为大——小这样简洁纯粹的辩证关系。

③ 作：开始、发展。"万物并作，吾以观复"——《老子·第十六章》。

自然界，包括人类文明和社会，无论是整体还是具体到个别事物，都具有广泛的复杂性。人们往往根据自身的主观感受和思想来看待和参与到这种复杂性当中，这就造成了许多的困难和问题。人们在尝试解决这些困难和问题的时候，由于主观感受和思想的干扰，往往不但无法达到目的，反而产生出更多更复杂的困难和问题。这样的状况始终困扰着人们。

那么如何改变这种状况呢？《老子》提出了两点：一是摒弃主观唯心思想，运用"道"的客观规律和价值观来分析和看待事物的性质；二是一切事物，无论其表面看起来多么复杂高深，其本质都可以归纳还原为最基本的哲学性质——辩证统一理论。《周易》认为一切事物都存在阴阳辩证关系，《老子》哲学从"有""无"出发来建立辩证理论。而无论是阴阳抑或是有无，都可以推而广之，这就是本章提出的"大——小""多——少""难——易"的关系。

基于这样的辩证关系，《老子》认为一切困难、复杂的问题都是从最基本的小问题开始发展的，正如《第六十四章》所言："合抱之木，生于毫末；九层之台起于累土；千里之行，始于足下。"因此要想解决这些问题，就要从小处、易处入手，更要"为之于未有，治之于未乱"。

《老子》倡导文明和社会应当由"圣人"遵循"道"的客观发展规律和价值观来引领大众与时偕进——"成

其大"。然而这是一个巨大的课题，在实践过程中需要面对无数的困难、问题和挑战。因此，"圣人"更加要注意运用本章指出的辩证哲学思想和方法，以脚踏实地和实事求是为原则，而不可自以为掌握了"道"的理论，甚至将其推向虚无空洞的玄学，搞高谈阔论的宏大叙事，妄图毕其功于一役，而"为大"。我们在其他章节讨论过，任何人都不可能脱离时代、脱离社会而独立存在，一般大众如此，"圣人"亦如此。一般大众遇到的问题，"圣人"在生活实践的过程中同样会遇到，是以"圣人犹难之"，因此《老子》提醒指出，"圣人"尤其要以"道"为纲，以审慎庄重的态度从细节出发，结合时代与社会实际，以客观全盘的眼光认识困难和问题，并从每一个具体的困难和问题开始着手解决，"慎终如始，则无败事"，"故终无难矣"。

第六十四章

其安易持，其未兆易谋①；其脆易泮，其微易散②。为之于未有，治之于未乱。

合抱之木，生于毫末；九层之台，起于累土；千里之行，始于足下。

为者败之，执者失之。是以圣人无为故无败；无执故无失。

民之从事③，常于几成而败之④。慎终如始，则无败事⑤。

是以圣人欲不欲，不贵难得之货⑥；学不学，复众人之所过⑦，

以辅万物之自然⑧而不敢为。

---

① 其安易持，其未兆易谋：处于静态的事物容易被人掌握和握持，处于动态的事物也可以通过计算和谋划使其处于可控状态之下。本章前两句的"其"都是对事物的泛指。安，安宁，引申为静态，与未兆的意思相对；未兆，即尚未表现出结果，引申为处于动态当中；谋，即通过谋划加以控制。

② 其脆易泮，其微易散：脆弱的事物容易崩溃，细小的事物容易散失或被忽视。泮，指冰块消融碎裂。"迨冰未泮"——《诗经·邶风·匏有苦叶》。

③ 民之从事：没有认识"道"的普通人行为做事的时候。民，与
"圣人"相对的，没有认识"道"的客观规律和价值观的一般大
众。"大道甚夷，而民好径"——《老子·第五十三章》。

④ 常于几成而败之：常常在即将成功的时候遭遇失败。几成，即
几乎成功、快要成功。

⑤ 慎终如始：在快要成功的时候依然抱持谨慎、严肃的态度，对
自身严格要求。"君子终日乾乾，夕惕若厉"——《易·乾》。

⑥ 欲不欲，不贵难得之货：圣人以"道"来主导自己的各种欲望，
不被"难得之货"等外在利益吸引而肆意妄为。

⑦ 学不学，复众人之所过：圣人为了探求和认识"道"而学习，
不是为了学习而学习，通过学习和实践"道"的真理来纠正社
会中的"不道"的事物和现象。复，纠正、完善……回到原来
的、初始的合理状态。

⑧ 以辅万物之自然：将自身从属、依赖于万物发展前进的客观规
律当中。辅，处于从属、跟随的地位。

　　在中国古典哲学的宇宙观中，世间任何事物都呈现
三种形态：一、动态；二、静态；三、动与静发展到一
定程度开始逐渐转换向对方的形态。《周易》《老子》
皆是如此。万物如此，人类社会也同样如此，因此掌握
了这种事物发展变化的基本规律，并结合于实践当中，
就能引领文明和社会朝向更加合理、更加先进的方向发
展进步。从上述规律来看，任何事物都可以很大程度上
在其初始阶段就为人所执、为人所谋。人力当然无法精
确控制和预见所有事物的细节变化，但通过实践"道"
的客观发展规律，就可以研判其宏观发展趋势，从而早

做计划和准备，达到"为之于未有，治之于未乱"的目的，也就是《第五十九章》提出的"啬"的概念。

《老子》接着用"合抱之木""九层之台""千里之行"为例，又引入了一条客观规律："大道氾兮……可名于小"，任何宏观具体的事物都是由一些不起眼、容易被忽略的细节累加而成，而这种累加的过程就是"道"的重要表现方式和实践方式。对细节的重视程度同样在很大程度上决定结果。

那么我们在日常实践当中如何才能同时顾及宏观与微观，以利我们"无失无败"呢？这就是《老子》对"圣人"提出的要求：始终恪守"道"的客观发展规律和价值观，将自身的思想和实践融汇进入"道"的"往而不害，安平泰"的积极发展态势当中——为无为、执无执、欲不欲、学不学——所有的为、执、欲、学，都以"道"的思想精神为立足点和出发点，不被自身主观思想主导而为所欲为、肆意妄为。如此即可"辅万物之自然"而成之。这种对"道"的实践从始而终，即可避免一般大众经常遇到的"常于几成而败之"的消极结果。

我们在前文讨论过，《老子》并非一种出世、避世的哲学，并非倡导脱离社会、鼓吹压抑人性，而是希望人们能够学习和认识"道"，积极践行"道"，使得自己可以成为"圣人"来引领文明和社会走上积极健康的发展进步之路。在本章，《老子》再次强调了这个问题。欲望是人的天性和本能，强行说教与压抑人性的方法只能适得其反；过分地放纵欲望又将导致消极后果。因此《老子》认为"圣人"应当"欲不欲，不贵难得之货"，只要始终践行"道"的客观发展规律和价值观，人自身必然会得到"道"的积极推动而获得发展和进步，也就自动获得合理的权力、财富、名誉、地位等欲望的满足。学习文化知识和生产生活技能是社会中每一个人生存的必要条件，但"圣人"的学习不仅仅是为了满足这样的必要条件，更不是片面教条的为了学习而学习，正如孔子所言"学而不思则罔"。"圣人"更重要的是学习、思考和认识"道"的哲学思想，并用这种思想来构建并完善自身的世界观、人生观，用以指导自身实践，帮助自己发展和进步，同时纠正和完善社会中"不道"的现象和情况，推动整个文明和社会实现中国古典哲学的最高追求——与时偕进、天人合一。如此我们可知，一些前辈学者批评本章所谓"学不学"的观点是一种消极的愚民主义、反智主义，这无疑是错误的，是悖离《老子》本义的。

第六十五章

古之善为道者，非以明民，将以愚之。

民之难治，以其智多。故以智治国，国之贼；不以智治国，国之福。

知此两者，亦"稽式"①。常知"稽式"，是谓"玄德②"。"玄德"深矣、远矣，与物反矣③。然后④乃至"大顺⑤"。

---

① 知此两者，亦稽式：知道了上述两条结论（以智治国，国之贼；不以智治国，国之福），还要对照进行检查落实。亦，连词，还要、还应当；稽式，用于核查、审查的标准和范式。稽：稽查。"司稽，察流连不时去者"——《周礼·司稽》。

② 玄德：即《道德经》之"道德"。"玄"者，"道"也，"无，名天地之始；有，名万物之母。此两者同谓之玄"——《老子·第一章》；"德"者，"孔，德之容，惟道是从"，即符合"道"的发展方向和价值观的思想和行为实践。

③ 与物反矣：与人们的一般生活常识相反。物，引申为生活常识。

④ 然后：学习、认识并践行"道"的客观发展规律和价值观之后。然：明白，懂得。"虽有明智，弗能然也"——《淮南子·览冥》。

⑤ 大顺：与"道"偕进，获得整体性、全局性的发展和顺遂。

《老子》思想当中的一部分主张历来被一些学者认为带有"愚民"成分；也有一些学者认为这些看似鼓吹愚民的主张其实另有所指。从任继愈和陈鼓应二位先生对本章的阐释解读即能看到这种情况。任继愈先生说："这一章表述了老子的愚民主张，认为人民的知识多了，就不易统治，老百姓越无知越好……历代统治者，对老子这一主张很欣赏，基本上是照着办的。"（《老子绎读》）而陈鼓应先生则说："老子所说的愚，乃是真朴的意思。他不仅期望人民真朴，他更要求统治者首先应以真朴自励。"（《老子今译今注》）两位先生的两种截然不同的观点可以代表自古以来历代学者的两种不同看法。从每个人对《老子》思想的不同理解角度来说，这两种说法都有站得住脚的地方，很难分出究竟孰对孰错。然而我们不妨大胆尝试更进一步，从第三种角度来分析一下《老子》究竟主张什么。

所谓"古之善为道者"，无疑是指《老子》反复提到的"圣人"。"非以明民"，任继愈先生释为"不是用'道'教人聪明"，陈鼓应先生引用了王弼与河上公的注解，释为"不是教人精巧"，而我们则尝试从"明"字入手来分析。《第四十一章》曰"明道若昧"，《第十六章》曰"知常曰明"。我们在《第十六章》就已经讨论过了："明"即"知常"，"知常"即知"道"——人认识了"道"。因此我们可以说，《老子》希望表达的意思是，古时候认识了"道"并且善于运用"道"的

"圣人"在社会实践当中并不追求让所有人都像自己一样认识"道"的存在并遵守和实践之。为什么呢？因为"明道若昧"——"道"虽然是客观存在的，但其无形无影，对于绝大多数人来说难于辨识，其表现出的规律和价值观与我们普通人日常生活中的常识相去甚远，甚至背道而驰。"大道甚夷，而民好径""百姓皆谓我自然""荒兮，其未央哉"，正是由于"道"的这种异于常识的特点，因此"民"所代指的社会中绝大多数人是不愿意主动去学习和认识"道"的，而是从主观角度抱持着"我自然"的态度。故而"圣人"尊重这种人类社会中的客观现象，采取"无为""以百姓为刍狗"的方式来治理社会，引领社会进步，在"功成事遂"的同时"不争"、不强求，任凭"百姓皆谓我自然"。"圣人"运用"道"来指导自身实践、引导文明和社会的发展进步，而非从主观出发强迫人民大众接受自己的思想和意志，这便是本章所谓"将以愚之"之意。愚者，不明"道"者也。

人类是智慧生物，有丰富的情感、可以进行复杂的思考。而智慧又是一把双刃剑，它使人类脱离动物的范畴而得以文明，但同时又使人的思维方式在多数情况下处于主观唯心的角度。这种主观唯心的思维方式即《老子》所谓的"智"。因为这种主观唯心的思维方式的广泛存在，故而人类文明和社会当中产生了与"道"的价值观相悖的私欲、阴谋、巧利、谎言、伪善等现象，这样的社会当然"难治"。所以《老子》反对统治者"以智治国";倡导"圣人""不以智"而以"道"治国。

为此,《老子》总结了"圣人"应当奉行的"稽式",即原则、准则:"知此两者"——客观看待"百姓皆谓我自然"的现象而无须刻意追求"明民";以"道"治国而不可以"智"治国。同时要长期坚持这样的原则并且运用在实践当中,就可以称得上是"玄德"。

最后,《老子》再次总结本章主旨并强调,"道"的发展规律和价值观虽然往往看似与我们的一般常识相反,但只要我们"然后"——学习、认识并践行"道"的客观发展规律和价值观之后——就能得到"大顺"的积极结果。"大"者,"国中有四大,而人居其一焉",即"道"的又一种代称;"顺"者,发展、进步之意。

第六十六章

　　江海所以能为百谷①王者，以其善下②之，故能为百谷王。

　　是以圣人欲上民③，必以言④下之；欲先民，必以身后之。是以圣人处上而民不重，处前而民不害，是以天下乐进⑤而不厌⑥。以其不争，故天下莫能与之争。

---

① 百谷：引申为"百川"。《说文》："谷，泉出通川。""百谷"同时涵盖了谷和谷中之水这两层含义，比"百川"更能说明《老子》的哲学意义。

② 善下：遵从"道"的客观自然规律而处于最下游。

③ 上民：处于领导人民大众的领袖地位。民，泛指人民大众、社会整体，而非狭隘的、处于被统治地位的老百姓。

④ 言：信言，即用于带领人民大众发展进步的指导理论和思想纲领。

⑤ 乐进：积极主动地发展前进。传世版本作"推"，《郭店楚简》作"进（進）"，"推"字疑为后世讹误。

⑥ 厌：厌弃、拒绝。

　　《老子》曰："孔，德之容，惟道是从。"我们在

前文分析过，这句话的意思就是"道"的发展规律和发展方向就像一条"管道"一样；"德"就像"管道"中的水一样，顺着管道的延伸方向而流动。《老子》又说"上善若水……处众人之所恶（水往低处流），故几于道"，具有"不争"的价值观特征。在本章，《老子》再次以水的形态做出比喻，帮助我们认识"道"的价值观。

"江海能为百谷王。"陈鼓应先生说，《说文》"谷，泉出通川"，"百谷"即百川；"王"，《说文》："天下所归往也"，这里的"王"字有"归往"的意思。陈先生此说可从。因此这句话的意思就是：天下的川谷之水最终都汇入大海。海纳百川，有容乃大，这句话单独拿出来是符合我们社会的主流价值观的。但《老子》倡导的价值观与我们的主流价值观是存在一些不同之处的。"以其善下之，故能为百谷王"，《老子》强调的是大海处于地势最低的位置，因此水才能一路顺百谷地势而入海。如此，就又回到了水的"处众人之所恶"的特点当中了。然而尽管我们的社会主流思想不欣赏水的这种价值观特征，但其"善下之"（"善"的价值观特点我们在"上善若水"章分析过了），只是按照自然界的客观法则而运动，"几于道"，"故能成百谷王"。《老子》用"百谷"而非百川，其意与"孔，德之容"异曲同工。

水的特点是"几于道"的，《老子》倡导"圣人"引领文明和社会遵从"道"的客观发展规律和价值观来取得长久的进步与发展，那么"上善"之人、"圣人"也应当以水之"德"为自己的榜样。社会的一般大众是抱持"我自然"和"民好径"的唯心主义思维方式的，但发展与进步却是整个文明与社会永恒的追求与最大的整体根本利益，《老子》谓之"天下乐进"。"圣人"要想取得领导地位（"欲上民"），就应当让自己的言行实践符合社会发展的客观实际，与社会大众深入联系起来，而非像一般的世俗统治者一样，运用背离"道"的价值观的手段去强迫社会大众接受自己的意志；要想站在时代的潮头（"欲先民"），指明历史的发展方向，就要把自身的利益需求让位于社会大众的整体利益需求，而不可"食税之重""求生之厚""以身轻天下"，为了满足自己的私利私欲去压榨或损害社会大众的整体利益。"圣人"与社会大众保持这样的良性关系，就是顺应"道"的价值观——"善下""不争"，也就将自身与社会整体纳入了"道"的"往而不害，安平泰"的积极发展潮流当中。

"道"是"善下""不争"的，但因其客观的存在，万物都顺从其规律而发展；水表现出的"德"也如此，任何外力都无法从宏观上改变其顺流而下的客观特征；"圣人"之"德"亦如此，因此在引领文明和社会发展进步、获得整体利益的同时，也将获得社会大众的主动追随和拥护，兼而获得个人的正当利益，而不会被厌弃。

第六十七章

天下皆谓我道大，似不肖①。夫唯大，故似不肖。若肖，久矣其细也夫！

我有三宝，持而保之：一曰慈②；二曰俭③；三曰不敢为，天下先④。慈，故能勇；俭，故能广；不敢为⑤，天下先，故能成器，长⑥。

今舍慈且勇⑦，舍俭且广⑧，舍后且先⑨，死矣！

夫慈，以战则胜，以守则固。天将救之，以慈卫之。

---

① 不肖：难以通过对比来辨识、认知和学习。《说文》："肖，骨肉相似。"引申为通过对比来辨识、认知。"道"是没有同类事物可供直接参考的，故而人们会产生"似不肖"的想法。

② 慈：泛指在"道"的范畴内一切积极美好的价值观。《说文》："慈，爱也。"

③ 俭：俭约、约束。《说文》："俭，约也；约，缠束也。"意指受到"道"的客观规律和价值观的约束。有前辈学者训为"俭啬"，意为教人俭朴、收敛之意，与全文主旨不合，故不取。

④ 不敢为，天下先：不敢违背社会的客观实际发展状况而主观妄为。"天下非一人之天下，乃天下人之天下"——《六韬》，故本句"天下"引申为社会大众的客观状态；"先"，《说文》："前进也。""天下先"即引申为的社会整体、人民大众呈现出的客观发展状况。

⑤ 不敢为：不以片面的主观意志来指导自身的行为实践。敢，古字"敌"，进取也。是一种人的主观思想意志。"狂者进取，狷者有所不为也"——《论语·子路》。"敢"虽然是积极的，但终究是带有浓重的主观色彩，故而《老子》对其持一种谨慎的态度。

⑥ 故能成器，长：所以能够"成器"并且获得长久持续的发展；长，长久、持续的发展。一些前辈学者认为应当连起来读作"器长（zhǎng）"，意为器物或物质的官长，恐不足取。

⑦ 舍慈且勇：不以客观价值标准为判断依据，而从个人主观好恶出发逞匹夫之勇。

⑧ 舍俭且广：无视客观自然规律的约束而肆意追求无限的自由。广，殿之大屋也。段玉裁注：殿，谓堂无四壁，覆乎上者曰屋，无四壁而上有大覆盖，其所通者宏远矣。因此古文的"广"这个建筑，类似我们今天的凉亭，《老子》用房屋的四壁来形容"俭"所代表的客观自然规律形成的约束，用没有四壁的殿来形容"广"所代表的"绝对的自由"。

⑨ 舍后且先：背弃了"圣人"应当秉持的"后其身""外其身"的价值观和行为标准，而将个人主观意志凌驾于"天下"之上。"是以圣人后其身而身先，外其身而身存。以其无私，故能成其私"——《老子·第七章》。

本章首段"天下皆谓我道大……久矣其细也夫"，一些前辈学者认为其意思与本章主旨不合，疑是错简重出。未必如此。"天下皆谓我道大"，这是自《老子》

成书以来人们普遍的一般性认识。"道"是"玄之又玄"的，是朴素的客观唯物主义哲学思想。即使在文明高度发达的今天，很多人依然无法真正认识其思想内涵，更遑论与《老子》同时代的人们了。因此人们会说"道大"，这种支配人类与万物的根本规律实在太过"宏大叙事"，超出了人们可以理解和认识的一般范畴，更别说加以实践应用了，所以"似不肖"。《老子》却反驳称：正是因为"道"是博大的，是无远弗届、"不知谁之子，象、帝之先"的，因此人们觉得"道"的观念难以被认识和接受；如果人人都能轻易地认识和学习，那么久而久之它就会变得渺小琐碎，而丧失其客观、恒久、能够佐佑万物的特质了。但上一章我们分析过，《老子》倡导"圣人"应当"以言下之"，将自身的思想实践与社会的发展实际需求结合起来，因此在本章，《老子》具体谈到了三个主要的思想和实践方法，即下文的"三宝"。人们只要"持而保之"，就能获得"天将救之"的积极发展。

《老子》所谓"慈"者，"爱"也，是一种不受主观情绪左右的、中正平和的真爱、大爱。正如我们在"天地不仁"章分析的结论，《老子》反对以"仁爱"为代表的传统的、有差等的"亲亲"之爱；也反对以墨家"兼爱"为代表的不假思索、完全不加以区分的爱。因为无论是"仁爱"还是"兼爱"，二者本质都是从主观唯心角度出发的，违背了复杂人性在社会中表现出的客观实际情况。因此《老子》倡导"慈"的态度——以"道"的客观的眼光和积极美好价值观，而非个人片面的主观好恶，来看待他人、看待社会。有了这种客观的眼光和价值观，无论是一般的人际交往、社会实践，还是参与凶险的军事战争，都能够真正从客观角度认识到自身和他人的价值和意义，进而指导自身的行为符合所面临的客观现实情况，如此就能在复杂的社会当中，顺应"道"的客观规律，而得到积极的发展和进步。

对"自由"的追求是人性的崇高本能，也是"道"的价值观的重要组成部分。但自由绝非一种形而上的、完全孤立存在的观念，也从来没有绝对意义上的自由。自由永远都与"约束"相伴相生，这就是人性需要面对的客观实际。美妙的音乐永远无法脱离最基础的七个音符的范畴；辞藻华丽的文学作品也是由一个个普普通通的文字所组成；伟大如灿烂光辉的太阳，其光其热也同样受到物理法则的制约。因此人类对自由的追求也不能脱离"道"的客观发展规律。人类历史上有许多人为了追求自己的所谓"自由"（其本质仍是贪婪的私利私欲）而损害人类文明和社会整体的、共同的发展利益。也许他们可以一时得逞，但最终都无不为"道"的客观发展规律所抛弃，被丢进了历史的垃圾堆。而顺应了历史发展潮流的人，虽然看似受到种种时代的客观条件的限制，但他们的思想与实践始终都能得到不断的发展与进步，哪怕在身故之后，其名其事仍然会被后人怀念和继承。

　　"天下"者，《六韬》曰"天下人之天下，非一人之天下也"，《老子》以"天下"代称社会大众，及社会大众的客观发展现状。历史唯物主义的观点告诉我们，人类文明和社会中，一切历史的创造者，都是广泛意义上的人民大众，而非某些孤立存在的、超越或脱离了社会发展客观实际的个别"英雄"人物；人民大众创造了社会的发展态势，社会的发展又塑造了人民大众，这是文明和社会发展的客观规律。《老子》倡导"圣人"来引领天下的人民大众，但"圣人"同样不能是孤立存在的，同样不能超越或脱离其所处的时代和社会发展的实际情况。因此"圣人"要将自身的思想、实践与社会大众的客观实际情况有机结合起来；客观看待自身与社会、与人民大众的有机关系，充分认识和尊重历史的客观发展潮流，（这就是《老子》所谓"天下先"的意思），才能使自身获得社会大众的认同而取得领导地位，将自身纳入"天下"的范畴而与人民大众共同得到健康、长久的发展——《老子》谓之"成器，长"。

　　《老子》成书于春秋战国时代，当时的社会"礼崩乐坏"、战乱四起、民不聊生，是一个充满着凶险与动荡的年代，完全背离了"道"的客观发展规律中积极进步的一面，因此《老子》痛斥之"死矣！"回到我们生活的现代社会，种种"不道"的思想和行为仍然在社会当中大行其道，阻碍着文明与社会的健康发展。因此，我们今天的人们仍然应当继承和学习"道"的思想和价值观，并且持而保之，如此才能在社会发展出现问题时及时进行修正和调整，始终顺应历史的客观规律不断得到积极健康的发展。

最后，《老子》用"慈"来代指"道"的根本价值观和客观规律，一针见血地指出，"道"的发展规律是推动历史和万物积极进步，是"往而不害，安平泰"，只要坚定以"道"的价值观和客观规律为出发点和指导思想、将自身汇入"道"的发展进步大潮之中，那么在高度复杂的社会实践过程中，人们必然会得到"道"的帮助和推动，从而战胜困难和挑战，长久立于不败之地。这也是中国古典哲学所倡导和追求的"与时偕进""天人合一"思想的一种体现。

第六十七章

第六十八章

善为士者^①，不武；善战者，不怒^②；善胜敌者，不与^③；善用人^④者，为之下。

是谓不争之德，是谓用人之力，是谓"配天^⑤"，古之极^⑥也。

---

① 善为士者：即以"道"的客观发展规律和价值观为出发点，在社会生活中任职从事之人。善，即"道"的客观发展规律和价值观，而非"善良"或"善于"之意。"士，事也，从一从十，孔子曰，推十合一为士"——《说文》，在古汉语中泛指可以任事之人。非特指战士、学士、谋士等。

② 善战者，不怒：在广泛的战斗、斗争中不被主观的情绪所左右。战，泛指人在社会中参与的一切形式的斗争，包括但不特指军事战争。"怒，恚也；恚，恨也"——《说文》，泛指一切可以影响人理智的主观情绪。

③ 善胜敌者，不与：在广泛形式的斗争中寻求胜利的方法和手段必须符合"道"的客观规律和价值观，而不可结为朋党，背"道"营私。"与，党与也"——《说文》。

④ 用人：使他人成为有用之人、有正面价值之人。非狭隘地利用他人之意。下句"用人之力"同此。

⑤ 配天：与"道"相匹配，即"天人合一"的最高理想。"功遂身退，天之道也"——《老子·第九章》。配，匹配，"唯贤人上配天以养头，下象地以养足"——《素问·阴阳应象大论》。

⑥ 古之极：自古以来的最高境界。

斗争，是人类文明永恒的主题。自古以来，人类在诞生文明、组织社会、改造自然的过程中就不断地与天斗，与地斗，与人斗，并且其乐无穷。《老子》哲学思想是讨论人类文明和社会的哲学，因此也离不开斗争这个大的命题。斗争，包括军事斗争，无论是正义或非正义的、必要或非必要的，都在客观上推动了文明和社会的发展和进步。因此很多前辈学者认为本章主要是宣传其反战思想，这种认识恐怕未免有些狭隘。

我们首先应当注意，《老子》说"善为士者""善战者""善胜敌者""善用人者"，都要将"善"放在第一位。如我们在"上善若水"一章分析的结论，《老子》之"善"并非寻常意义上的善良或善于之意，而是以水喻"善"，来说明"道"表现出的客观发展规律和价值观。因此无论为士、战斗、追求胜利、用人，都要将"道"的客观发展规律和价值观作为立足点和出发点，如此才能在各种广泛形式的斗争中获得发展和前进而终得真正意义上的胜利。忽略了"善"，就背离了"道"，即使取得一时一事的胜利，也是昙花一现，最终都要被"道"所抛弃而走向消亡。

所谓"为士"，即为事。所为无论是战士、文士、谋士、学士，在《老子》认为，只要在为事过程当中秉持"道"的纲纪，所作所为对社会产生了正面的、积极的推动作用，皆可称"善为士者"。"为士"之人在社会生活中必然面临各种挑战而需要进行各种形式的主动或被动的斗争，然而这种斗争应当避免采取鲁莽的、粗暴的，甚至是极端暴力的具体行为。以"武"代称的强力乃至暴力手段永远都应当作为最底线的、不得不为之的办法。"夫兵者，不祥之器，物或恶之，故有道者不处……非君子之器，不得已而用之，恬淡为上"，皆是说明这个道理。有道之人在面对任何矛盾和问题的时候都必然可以找到比"武"更加合理的手段和方法，既能够解决问题化解矛盾，同时使问题和矛盾不会扩大和深入。

人是拥有复杂情感的生命形式，因此在广泛的社会斗争中，人往往会被主观情绪所左右。消极负面的情绪容易使人丧失理智而将斗争手段推向极端，造成比问题本身更大的危害；而一些看似积极正面的情绪，如果不加以节制也会带来乐极生悲的负面结果。军事战争如此，人们平常的生活亦如此。故而《老子》倡导以"道"来主导自身思想，主导各类斗争的具体方式方法，而不可"怒"，被各种主观情绪占据理智。此即"善战者"。

人类有很强的社会性，因此在面临问题和矛盾的时候为了聚合更大的力量而往往结成不同的利益群体。这种利益群体固然可以带来比之个体更大的力量，在帮助成员获得利益的同时促进和带动更大范围的发展和前进，但因其利益尤其是个人私利私欲的诉求趋于一致，而容易变质为结党营私、为填欲壑不择手段的朋党，走向公利公义的反面，正所谓"物壮则老，是谓不道。不道早已"。这种朋党群体不但自身终将灭亡，同时也会对整个社会的整体发展利益造成极大的负面影响。因此《老子》认为，人们可以结成各种群体来寻求各自的利益、在斗争中"胜敌"，但这种群体的行为方式必须有一个明确的准则，即"不与"。这类朋党式的问题不但是《老子》所关注的，作为儒家先圣的孔子也同样注意并对人们加以警戒："君子矜而不争，群而不党"，"君子和而不流，强哉矫；中立而不倚，强哉矫"，诚如斯言。

人立于天地之间，生活在社会当中，既要"为士"，使自己有所价值，也要"用人"。《老子》所谓"用人"者，并非我们寻常意义当中的人与人"互相利用"，或为自身提供可供剥削和榨取的对象，而是帮助他人对整个社会，对其本身都能有所价值。人与他人共同创造价值，才能推动社会获得整体的发展和进步。同理，"圣人"之于社会，犹如"川谷之于江海"，必须广泛地发掘和培养人才，才能凝聚天下人才之力共行"大道"。一个孤立于社会之外的"圣人"是独木难支、毫无价值的。因此"圣人欲上民，必以言下之；欲先民，必以身后之"，欲"用人"，必须在具体方法上采用"为之下"的原则，正视并协调自身与社会的关系，采取平等乃至谦抑的态度对待他人，鼓励和帮助他人将天赋和长处一展所能。"天下非一人之天下，乃天下人之天下"，天下人都能最大化地发挥自己的可用之处，创造出积极正面的价值，则天下"大顺"矣。

　　做到《老子》本章倡导的这四个方面，将自身的价值与社会共同的价值结合起来，在社会获得发展和进步的最大"利益"的同时，"圣人"自身的利益需求也必然可以随之得到满足。这种"共同富裕"式的发展之路就是所谓"不争之德"；这种顺应"道"的客观发展规律使自身和他人共同得到发展和进步，并且创造出最大价值的具体方法，就是"用人之力"。如果人们能够实践《老子》倡导的这种价值观，即可"配天"，即可终达"天人合一"这种中国古典哲学和古代先圣们一直追求的最高境界。

第六十九章

用兵有言："吾不敢为主，而为客；不敢进寸，而退尺。"是谓行"无"行，攘"无"臂，扔"无"敌，执"无"兵。

祸莫大于轻敌[1]，轻敌几丧吾宝[2]。

故抗兵相若[3]，哀[4]者胜矣。

---

[1] 轻敌：自己的思想轻易被敌视、仇恨等主观负面情绪所控制。而非一般意义上的轻视敌人。《说文》："敌，仇也。"

[2] 轻敌几丧吾宝：一旦自身被主观负面情绪所控制，就等于脱离了"道"的客观规律、悖离了"道"的价值观。几，如同、等同；吾宝，以慈、俭、不敢为天下先为代表的"道"的客观发展规律和价值观。

[3] 抗兵相若：军事对抗也是同样的道理。抗兵：军事对抗。

[4] 哀：冷静、克制、审慎的情绪和态度。《说文》："哀，闵也。"与敌视、仇恨所代表的主观负面情绪相对。

军事战争是人类文明发展过程中必然会出现的现象和事物。自古及今，军事战争在给人类文明带来无数创伤与痛苦的同时，客观上也一定程度地促进了社会的发

展与进步。因此《老子》也以指导军事战争的兵法来喻"道"，帮助我们更好地理解和认识"道"的客观发展规律和价值观。

所谓"吾不敢为主，而为客；不敢进寸，而退尺"，虽然《老子》说的是"用兵"，但其实是告诉我们如何以"道"的思想和角度来看待包括军事战争在内的广泛的人类社会实践行为——摒弃主观的角度，而采取客观的角度；避免陷入事物的复杂表象当中，尝试退出到客观的位置上，透过现象看到本质。回到军事兵法上也是同样的道理：战争是双方甚至多方之间进行的，事态的发展不以自己的主观意愿为转移，因此用兵之时要同时兼顾各方的战略情报和利益诉求，客观地判断战争态势的发展方向；注重从战略角度观察大局，避免陷入细枝末节的、片面的战术问题当中。根据上述两大原则及时调整自己的战略战术——《兵法》云"兵无常势、水无常形"，如此才能避免落入失败的境地。

军事战争如同其他万事万物一样，虽然具体形态和发展方式各不相同，但都有其客观规律可循——《老子》谓之"无"。因此军事行动的指挥者应当认识并掌握其客观发展规律，以"无"的态度和原则来指导其战略战术，"行无行、攘无臂、扔无敌、执无兵"皆是此意。需要注意的是，上述这句话只是《老子》的修辞文法，不必纠结其字面意思，否则容易陷入片面的教条而脱离《老子》本意。

《老子》接着提醒我们"祸莫大于轻敌"，这个"轻敌"当然可以根据字面意思理解为"轻视敌人"，但更深一层的意思却是提醒我们不可轻易被敌视、仇恨、愤怒等激烈的主观的情绪所控制而失去理智，否则就会导致我们背离"道"的客观规律和价值观，而走入"不道早已"的境地，遭遇停滞乃至失败。所谓"抗兵相若"，既是指军事对抗，更是指人的主观唯心的思维方式与客观唯物主义的"道"的对抗。能够摒弃主观唯心的思想，收敛和克制自己的极端情绪，而采用以"哀"为代表的较为审慎、平和的情绪和态度来为人处世，就能"知常，明"，避免"不知常"导致的"祸"与"凶"。

第七十章

吾言甚易知，甚易行。天下莫能知，莫能行。

言有宗，事有君①。

夫唯无知，是以不我知②。知我者希，则我者贵③。

是以圣人被褐④而怀玉⑤。

---

① 言有宗，事有君：思想理论和行为实践都有其根本和根据。《说文》："言，直言曰言，论难曰语。"引申为思想理论。《说文》："事，职也。"引申为行为实践。

② 夫唯无知，是以不我知：因为人们没有认识"道"，所以无法认识我的思想理论。《老子》所谓"无知"并非对社会大众的讥讽和嘲笑，而只是以实事求是的态度陈述这种客观事实。

③ 知我者希，则我者贵：能够认识我的思想理论的人很少，能够学习我的思想理论并加以实践的人就更是少之又少了。

④ 被褐：穿戴着粗布衣物。引申为被人轻视。被，古文同"披"；褐，粗布制成的衣服。引申为寒贱之人，"余与褐之父睨之"——《左传·哀公十三年》，杜预注："褐，寒贱之人。"

⑤ 怀玉：怀揣美玉。引申为头脑中有真才实学。

《老子》成文距今已经两千余年，其思想如皓月当空一般闪耀着智慧的光芒，在漫长的封建社会黑暗时代就已经为我们指出了一条独特的发展之路，为我们这个古老的民族与文明打下了坚实的哲学基础。然而相比于儒家思想，《老子》却因其与人们主观唯心的常识格格不入的朴素的唯物主义观点和主张，而长期被世人轻慢和误解。其实不止《老子》，儒家先贤们的思想也在不同的历史时期遭遇过这样的困境，墨家思想更是一度湮没于历史的长河当中，直到近代才被一些前辈学者们重新从故纸堆中抢救整理出来，方能重见天日，令我们今人所知。同样的情况也发生在其他文明的哲学以及科学领域的先贤们身上，许多伟大的大师都是在身故之后，其思想和学问才逐渐为人们所理解和重视。毕竟哲学与科学的开拓与创新永远都是走在时代的潮头，欲戴王冠，必承其重，伟大的思想必然要经过历史长期的实践检验才能证明其"真理"性质。这是先贤们的不幸，却也正是他们的伟大之所在。

　　我们前文讨论过，人类文明与自然万物最大的不同就是人类拥有智慧，然而智慧也同时带给了人类唯心主义的思维方式。这种人类独有的思维方式促使人类建立了伟大的文明，创造出了灿烂的文化、艺术，同时促使人类开始思考并认识自我、世界，乃至宇宙。这是人类之幸。但与此同时，人类这种主观唯心的思维方式又产生了许多消极后果——人性中"私"的特有观念引起的种种诡计、权谋、野心，乃至可怕的战争杀戮等贯穿于整个文明及社会的恶劣行径。这种消极恶劣的状况，孔子谓之"礼崩乐坏"，《老子》谓之"不知常，妄作"。这正是人类的不幸。长此以往，人类文明必然将走向衰亡——"凶"！

继承了古代"往圣之绝学"，同时穷尽一生的时间去学习和思考，《老子》五千言在中华文明的历史上首次以朴素的客观唯物主义思想阐释了宇宙万物的根本规律——"道"的存在及运动方式，并由此建立起了"道"的完整价值观体系。但正如我们上文所说，由一个个独立的人组成的人类社会是广泛而复杂的，整个社会主流的思维方式仍然在很大程度上是主观和唯心的。因此《老子》其文和其思想内涵必然将遭遇种种误解和轻慢。两千年前如此，我们今天生活的 21 世纪亦如此。例如我们可以自问，我们对历史唯物主义的思维方式持何种态度，在生活实践中又有多大程度能够正确运用历史唯物主义的思维方式来看待我们的历史和今天的社会？

正因如此，老子也不得不感叹他的思想学问虽然朴素、浅显、客观，拥有金玉般珍贵的深刻内涵，但天下人却"莫能知，莫能行"。世人紧紧抱着"我自然"的主观唯心的固有观念，对于《老子》提出的客观唯物主义的"道"的真理却仅仅见之皮毛"被褐"。能够理解《老子》真意的人少之又少，愿意接受其思想观念，并且用客观唯物主义的价值观来约束和指导自己行为实践的人则更属凤毛麟角。但《老子》却能够从唯物主义的立场出发，正确地看待"百姓皆谓我自然"的客观实际情况，并实事求是地指出"不我知"的原因仅仅是人们"无知"——"言有宗，事有君"，一切思想、学问（言）和行为实践（事）都有一个基本的根源（宗、君）——"道"，人们只是没有认识到这一点而已（因此《老子》所谓"无知"并不是一句对不认同其观点之人的责骂或嘲讽，而只是陈述这种客观事实）。

同时我们也看到，如《老子》所希望的那样，我们中华文明乃至整个人类文明在历史的黑暗中摸索前行，不但没有消亡，反而逐渐变得更加理性和文明，这就是因为在历史前进的过程中不断涌现出"执大象"的"圣人"们。这些圣人或多或少、或主动或被动地认清了历史的发展趋势，学习并运用了客观唯物主义的思维方式，因此能够引领我们的文明和社会与时偕进——"天下往，往而不害，安平泰"。正言若反，心怀美玉的"圣人"们在实践真理的过程中虽然可能"被褐"、遭受误解甚至屈辱，但只要"持而保之"，那么必然"天将救之"，历史最终将对他们的功绩做出公正的评价。

第七十一章

知不知①，尚②矣；不知知，病也③。

圣人不病，以其病病④。夫唯病病，是以不病。

---

① 知不知：认识到自己有所不知。引申为站在客观的角度正确地认识自身、认识世界。

② 尚：高尚。马王堆帛书及王弼、河上公本皆作"上"，古代汉语与"尚"同。

③ 不知知，病也：自己有所不知却自作聪明、自以为是，这就是最大的缺点和问题。

④ 病病：发现和认识到问题——积极正确地解决问题。

　　儒家哲学的道德观倡导"人非圣贤，孰能无过，过而能改，善莫大焉"。无疑，儒家哲学对人是宽容的，因为其语境当中，"圣贤"是与人割裂的，是虚浮于空中的，是道德层面"琭琭如玉"、供人仰望却可望而不可即的偶像。《老子》所称道的"圣人"与儒家"圣贤"却完全不同。"圣人"也是跟我们普通人一样的，活生生地存在于生活实践当中的人。只不过"圣人"通过学

习认识了"道"的客观发展规律和价值观，并以之完善自身、引领文明和社会与"道"偕行，共同发展进步。因此"圣贤"可以无过，"圣人"却难免有其过与病，正如我们每个人身上都有各种缺点和问题一样。

何以《老子》却说"圣人不病"？那就是因为"圣人"可以站在"道"的客观角度上，以"道"的价值观来认识自身、评估自身，诚恳地面对自身客观存在的缺点和不足之处，《老子》赞曰"尚矣"；并以积极正确的方式加以解决和完善，《老子》谓之"不病"。借助"道"来发现问题、解决问题，这就是所谓"知行合一""天人合一"的最高理想境界。

第七十二章

民不畏威①，则大威至。

无，狎其所居②；无，厌③其所生。夫唯不
厌，是以不厌④。

是以圣人自知不自见，自爱不自贵。故去
彼取此。

---

① 民不畏威：人类对"道"的客观规律没有敬畏之心。民，泛指
人民大众，引申为人类文明和社会。古文人、民意思相同，非
特指处于被统治地位的老百姓。

② 无，狎其所居：是"道"的客观规律决定了人在历史和社会中所
处的具体位置、状况以及发展前进的方向和道路。无，指"道"
的客观规律。狎，同"狭"，原意指狭窄，引申为约束和限制。

③ 无，厌其所生：是"道"的客观规律控制和掌握着个体的人和
整个社会在发展过程中可能产生的种种状况，使之可以保持宏
观稳定。厌，同"压"，意为控制、使之稳定。

④ 夫唯不厌，是以不厌：一旦强行脱离和违背"道"的客观发展
规律，必然被"道"所抛弃，无法获得发展与进步。

我们前文分析过，《老子》哲学是朴素的客观唯物
主义思想，故而其历史观是历史唯物主义的。唯物史观

倡导一切人类历史都是由人民大众这个整体创造的，而非某个或某些英雄人物独立创造的。人民创造历史的过程，必然要遵循历史的客观发展规律。而违背历史客观规律的人和事物，都将被历史所抛弃，走入消亡与湮灭。这种包括历史客观发展规律在内的一切客观自然法则，就是"道"。通过学习和研究历史来得出其客观的发展规律，并以之指导自身的发展和进步，《老子》谓之"执古之道，以御今之有。能知古始，是谓道纪"，又谓之"知常，曰明"。反过来说，如果人们不愿意遵从"道"的历史客观发展规律，而按照自己的主观愿望任意妄为，那么必然遭遇停滞甚至消亡，《老子》谓之"不知常，妄作，凶"。

因此，本章所谓"威"，即"道"表现出的客观规律，敬畏并遵守之，就可以得到发展和进步——"执大象，天下往，往而不害，安平泰"。背离"道"的发展规律，必然遭受"道"的反作用力的"惩罚"而被历史抛弃——"大威至"。

《老子》说："道，常无，名朴。""无"即"道"的客观规律的代称。虽然隐而不可见，但万事万物（与"无"相对的"有"），包括人类文明的创生、发展都受到"无"的制约——"狭其所居"，对"民"的发展方向划定出符合"道"的路径和范围；"压其所生"，压制"民"在社会发展过程中"不道"的行为——"镇之以无，名之朴"。

在"民"的范畴内包含了"圣人"与百姓这两大群体，百姓在社会实践中是抱持"我自然"的态度的，是"不畏威"的。因此"民"要得到发展进步，避免"大威至"的可怕情况出现，就需要"圣人"首先做到"尊道贵德"，以"道"的价值观来约束自身的思想和行为——"自知不自见"，"自爱不自贵"，如此才能引领百姓，使得人类文明和社会共同回归"大道"。

在很多前辈学者的注解中，本章通常被认为是《老子》的政治批评，主要讨论统治者与百姓之间的对立关系，倡导统治者不要压迫百姓，就不会受到百姓的暴力反对。这种说法当然不能说是错的，但无论从本章上下文还是全书主旨来看，这样的解释都是稍显狭隘的。政治活动当然是人类社会活动的重要组成部分，但《老子》的关注点并非局限于此，而是关注于更大更广泛的层面——"是谓配天"。顺应了"道"的客观发展规律，那么人类社会的政治活动自然也就不在话下。

第七十三章

勇于敢则杀①，勇于不敢②则活。此两者或利或害。天之所恶，孰知其故？

天之道，不争而善胜，不言而善应，不召而自来，繟然而善谋③。

天网恢恢，疏而不失④。

---

① 勇于敢则杀：把"勇气"错误地用在主观情绪上会导致消极的后果。敢，原意指进取，引申为主观片面的、罔顾客观实际的"进取"行为。杀，原意指杀戮，引申为死亡、凋落。"我花开时百花杀"——黄巢《赋菊》。

② 勇于不敢：与上一句意思相对，把"勇气"用在抑制和战胜自己主观片面的思想情绪冲动上。

③ 善胜、善应、善谋：以"道"的客观发展规律和价值观为出发点，达到胜、应、谋的积极结果。善，指"道"的客观发展规律和价值观。"上善若水。水，善……"——《老子·第八章》。

④ 天网恢恢，疏而不失：万物皆在"道"的客观规律构成的"天网"之中运动发展，"道"虽然无法被直接观察，因细微而显得"稀疏"，但没有任何事物可以脱离"道"而独立存在。

所谓"勇敢"，在我们一般认识中当然是一种非常积极正面的观念，但是从客观唯物主义的来看，这

种观念却又带有强烈的主观唯心的成分。任何事物的发展过程和结果都是由"道"的客观规律所决定，不以任何人的主观意志为转移。因此人的勇敢虽然无法超越事物发展的必然规律，但却可以战胜自己内心的怯懦与恐惧。通过战胜自己来使得自身按照"道"的规律得到发展，则"活"与"利"；盲目的勇敢而妄图挑战客观规律，那么必然被"天之所恶"，最终遭遇失败乃至毁灭和死亡是必然的结局。"孰知其故？"自然只有"道"知其故。

《老子》曰："天网恢恢，疏而不失"，诚非虚言！大到整个宇宙，小到我们日常生活中的琐碎小事，其出现、发展、消亡，都有其因果，都有个"为什么"。这个因果，这个"为什么"归根结底，就是客观唯物的"道"。"道"是不争、不言的，按照自己的客观唯物的方式自然作用于万事万物，没有任何事物能够脱离或改变它的规则，"道"总是"主宰"和"支配"着万物。任何事物的运动和变化都会自然而然地与"道"发生互动。

我们人类虽贵为"万物之灵"，有思想、有感情、有意志，但"道"却是客观的、中和的，其规律并不为我们的思想意志所动摇或转移。我们可以宣称自己不认同"道"的存在，不接受"道"的价值观，但却无法主观上"拒绝"它的客观规律。正因为"道"是中和客观的，是"往而不害，安平泰"的，《老子》称之"坦然"，因此它为我们"谋划"的发展方向和方式也是中和的、上善的。

第七十四章

民不畏死，奈何以死惧之？若使民常畏死，而为奇者①，吾得执而杀之，孰敢？

"常②"有司杀者杀③。夫代司杀者杀，是谓代"大匠"斲④。夫代大匠斲者，希有不伤其手矣。

---

① 为奇者：与社会大众的积极发展状况相异的、反人类反社会的人或行为。"奇，异也，或曰不耦"——《说文》。

② 常：代指"道"的宏观、常态化的发展规律。上一句的"常"意思不同，指社会大众的一般性发展状况。

③ 有司杀者杀：社会大众与世间万物的消亡与湮灭自有一定的客观规律在背后发挥作用。司杀者，即"道"的客观规律。事物违背了"道"的客观规律即会走入消亡与毁灭。

④ 代"大匠"斲：越俎代庖，代替"道"的客观规律去决定他人和事物的生死前途。大匠，即"司杀者"，即"道"。斲（zhuó），今作"斫"，原意指手持斧头削砍，引申为决定他人的前途命运。

"民不畏死"，果如是乎？民，不管是用来代指个人、百姓（被统治者）还是包括统治阶层在内的人类社

会整体，在绝大多数情况下都是对死亡充满恐惧的。人性中对死亡的恐惧本身就是推动社会发展的原动力之一，自然也是"道"的重要组成部分。那么《老子》为何说"民不畏死"呢，这难道不是违背了"道"的规律和客观事实吗？其实民之所以不畏死，必然是出现了比死亡更令人恐惧的事物或情况，因此民必须以生命为代价来拼死一搏。饥荒、战争、欺凌与压迫，人类文明历史上出现过太多可以令民不畏死的情状——"天下无道，戎马生于郊"，就是这种情状的真实写照。人类社会的历史进程走到了"道"的积极发展规律的反方向，因此民不再畏惧死亡，而必然以死亡为代价、以暴力为抗争手段来推动历史回归"正道"。

无论在《老子》成书的时代还是我们今人的时代，乃至于可预见的未来一个时期，人类社会依然是以统治者和被统治者之间的矛盾为主要矛盾，《老子》将两者代称为"圣人"与"百姓"。二者之间这种矛盾并非纯粹的对立关系，而是在互相角力斗争的过程中又伴随着主动与被动的合作关系。这种更大的辩证关系统一起来共同推动着人类社会和文明的历史进步。在《老子》看来，位居统治地位的"圣人"必须时刻以"道"的客观发展规律为根本原则和指导，才能与"百姓"进行良性的、有助于推动历史积极发展的矛盾互动。所谓"以死惧之"即是这种矛盾互动的手段之一。然而《老子》主张"圣人为腹不为目"，利用人性对死亡的本能恐惧，仅仅是圣人治世的手段之一，只能在不得已的极端情况下谨慎为之，而不能当成解决一切社会矛盾的根本方法。这种极端的手段也只有在"圣人"自身和其引领的社会共同顺应"道"的健康积极的发展规律的前提下，才能成为有效手段——"民常（帛书本"常"作"恒"）畏死"。

当社会整体处在健康积极的发展形势下，那些"不畏死"而"为奇"的少数不道之人也就自然站在了整个社会和文明的对立面，客观上主流社会和文明才能通过"执（道）而杀之"的手段来维护社会的良性发展进程。

《老子》特别强调，这种剥夺他人生命或其他改变事物常态的极端手段绝非来自于任何人的主观意志或权利，而必须是社会和文明在历史发展过程中客观形成的总体意志，是"道"在历史的发展过程中按照自身规律进行自然淘汰的结果，是谓"'常'有司杀者杀"。当有人背离了"道"，打破了这种自然淘汰的历史发展机制，而以自己的主观意志妄图强行改变"道"的客观历史发展趋势，这种行为就是所谓"代大匠斲"，就是将自己置于不畏死而为奇的不道之人的位置，那么自然将被"道"的客观发展规律所淘汰而被扔进历史的垃圾堆。

第七十五章

民之饥，以其上食税之多，是以饥。

民之难治，以其上之有为^①，是以难治。

民之轻死^②，以其上求生之厚^③，是以轻死。

夫唯无以生为^④者，是贤^⑤于贵生^⑥。

---

① 有为：与"道"倡导的"无为"价值观相对，违背"道"的客观规律而从自身主观想法出发，肆意妄为。

② 民之轻死：人民大众"轻视"死亡的威胁。"上好勇则民轻死，上好仁则民轻财"——《管子·法法》。

③ 以其上求生之厚：因为高高在上的统治者对人民大众残酷压榨来满足其个人的思想欲望。

④ 无以生为：按照现代汉语的习惯即"以'无'为生"——尊奉"无为""不争"的价值观来生活和得到个人利益。

⑤ 贤：优越、胜过。

⑥ 贵生：过分贵重自身的生命和个人利益而罔顾社会大众死活。

　　《老子》倡导应该由掌握了"道"的发展规律和价值观的"圣人"来管理社会，管理社会中的各种组织机

构。"圣人"引领下的社会和各层级、各领域的社会组织就能够顺利发展，达到"自化"的效果。然而在现实社会当中却并非如此。大到一个国家，小到一个单位、企业或一个部门，扮演领导角色的人却往往不是《老子》理想中的"圣人"，因此在本章中，老子统一将这些人代称"其上"，与处于被管理地位的、基层的"民"相对立。

《老子》说："大道甚夷，而民好径。""民"本身是无法认识和理解"道"的发展规律的，是"百姓皆谓我自然"的，因此必须由"圣人"来引领其方向，规范其行为，使"民"所代表的人类社会和文明始终顺应"道"的积极发展潮流，社会和文明才能得以进步。这是《老子》理想中的政治模式。而"其上"所代表的世俗的统治阶层或各种上层管理阶层，却因为他们也如同"民"一样无法认识"道"，故而在管理实践中就会脱离实际，做出各种主观唯心的错误决定。这样的情况必然将导致社会和文明脱离"道"的积极发展方向，走进弯路，掉入陷阱，给社会和文明带来可怕的灾难。

统治阶层与被统治阶层本身是一种对立统一的辩证关系。社会的发展必然出现统治与被统治、管理与被管理的对立性质的社会形态，这是符合"道"的客观规律的。但统治与管理阶层必须将自身的思想及行动与被统治和被管理阶层有机联系和统一起来，把自己的利益需求与整个社会的实际发展情况相协调，才能获得长期的、稳定的发展。罔顾社会整体的客观情况，利用自身的权威任意从事，只顾谋取自身私利、满足自己的私欲——《老子》谓之"贵生"，而伤害社会的整体利益，导致"民之饥""民之难治"甚至"民之轻死"的后果，那么结果必然"不道早已"，干扰破坏了社会的健康发展，"其上"自身也将走向灭亡。

"圣人"则不同。我们在前面的章节讨论过，《老子》所谓"圣人"并非不食人间烟火，而是同样有自己的思想、欲望和利益需求。但"圣人"却能够主动以"道"的价值观来积极约束和检点自己的思想和行为；认识到"道"的发展规律并运用到社会实践当中；脚踏实地、实事求是地将自身与"民"联系在一起，《老子》谓之"无以为生"。在引领社会和文明发展的过程中，"执大象，天下往，往而不害，安平泰"。建立这样的一种"圣人"与"民"的辩证统一的关系，就能达到人类社会和文明的最高境界——和谐。

第七十六章

　　人之生也柔弱，其死也坚强①；草木之生也柔弱，其死也枯槁。故坚强者死之徒②，柔弱者生之徒。

　　是以兵强则灭③，木强则折。强大处下，柔弱处上。

---

① 坚强：坚硬、僵硬，没有弹性。《老子》所谓"坚强"特指物理角度的客观事物，即人死亡后尸体呈现的僵硬状态，非指精神意志角度的"坚强"。强，古字同"勥""彊"。

② 徒：事物的类别归属。

③ 兵强则灭：用兵打仗不能随战况进行变通就会覆灭。

④ 乎：马王堆帛书作"與"，古文"與"用作句末助词时与"乎"同。

⑤ 有余者损之，不足者补之：力量过度了就减少一些，力量不足就补充增加些。

　　辩证唯物主义思想是《老子》哲学思想的重要组成部分。"反者，道之动"，本章就是在讨论这一思想命题。

　　在我们的生活中，坚强在绝大多数情况下都受到人们推崇和追求。《中庸》思想的核心精神被孔子赞曰"强哉矫"。然而当坚强二字用于物理角度的时候，它的意义就呈现出消极负面，《老子》谓之"坚强者死之徒"。《老子》哲学认为，一切事物的发展前进都要遵循"道"的客观规律，正如"上善若水"，水的流动呈现"柔弱"之势，但自然界的一切生命形式都"恃之以生"。这正是因为水的流动完全是依据"道"的客观规律，随地形地貌的变化而改变自身的方向与速度。

同理，人是生活在社会当中的，没有任何人是孤立、抽象存在的。按照历史唯物主义的原则，社会的发展前进自有其方向和速度，而不以任何人的主观意志为转移。因此社会中的每一个人都应当顺应历史前进的趋势，积极将自身融入社会的发展大潮当中，摒弃一切主观僵化的思想。正如《老子》所言："一曰慈；二曰俭；三曰不敢为，天下先"，如此才能与时偕进、长生久视。

第七十七章

天之道，其犹张弓乎^①？高者抑之，下者举之；有余者损之，不足者补之^②。

天之道，损有余而补不足；人之道则不然，损不足而奉有余。

孰能有余以奉天下^③？唯有道者。

是以圣人为而弗恃，功成而弗居^④。其不欲见^⑤，贤^⑥。

---

① 天下：即"人之道"。"人之道"相比于"天之道"存在着大量的不足之处，而人不自知、更不自奉补，但"道"的积极发展规律和价值观可以帮助人类文明和社会补充完整这一块空缺，使得人类文明和社会可以发展进步。

② 为而弗恃，功成而弗居：传世版本作"为而不恃，功成而不处"，现据帛书乙本改之，与第二章"万物作而弗始，生而弗有，为而弗恃，功成而弗居。夫唯弗居，是以不去"对文呼应。

③ 不欲见：不以哗众取宠、欺世盗名的方式来表现自己。见，同"现"，呈现、表现。

④ 贤：本章的这个"贤"同"善"之意。关于这个"贤"字，在《老子》通篇出现过几次，但含义各不相同，需要注意辨析。本章之"贤"有"善"之意义，是《老子》对"圣人"之德的称赞和结论，是《老子》倡导的符合"道"的价值观的"上贤""真贤"。而《第三章》的"不尚贤"，是指世俗眼光中的"贤才之人"。这种"贤人"虽有才智，但因其不尊奉"道"的价值观和客观发展规律，故而被《老子》反对和摈弃。而《第七十五章》"是贤于贵生"句，"贤"意为"多、胜于"。陈鼓应先生对本章的"贤"注释说："贤"，蒋锡昌依《说文》训"多财"。根据我们对本章的理解和讨论来看，此说恐不足取。

　　《老子》在本章再次运用了格物致知的方法来讨论"天之道""人之道"的关系，通过这种对比来说明"圣人之道"。

　　天之道，是客观唯物的；人之道，即社会大众之道，往往是被主观唯心的思想所主导的。所谓"百姓皆谓我自然"说的就是"人之道"这种独有的现象。而无论是"天之道"还是"人之道"其实都是"大道"的组成部分，都是由"道"的客观规律发展出来的。《老子》特意强调"域中有四大，而人居其一焉"，就是再一次突出人类文明主观唯心的这种独特本质。因此《老子》在其五千言中不断倡导人类社会通过"人法地、地法天、天法道"的方法来达到"天人合一"的崇高境界，提醒人类文明和社会要不断追随"大道"的发展潮流。

　　在本章，《老子》就以"张弓"这个人类独有的行为动作，来使人们致知"天道"。张弓的具体动作，陈鼓应先生说："弦位高了，就把它压低，弦位低了就把它升高"；开弓的力量多余了就减少些，力量不足就增加些。《老子》说到这里就打住不往下说了，但我们继续跟随其思路就不难发现，"张弓"这个动作还能继续格出更深一层的意思：弦位的高下、力量的强弱，都必然有一个"度"为标准，只有这个"度"达到恰当合适的情况下，张弓这个动作才能算得上成功。而这个恰当合适的"度"其实就是"和谐"——主动施加力量的人与被动承受力量的弓之间的和谐、富有弹性的弓臂与柔韧且紧绷的弓弦之间的和谐。只有完美准确地达到这种和谐，弓才能发挥其应有的杀伤力，同时又不至绷折。而根据《老子》形容的这种张弓时通过调整位置和力量以达"和谐"的过程，我们又可以推导出中国古典哲学的另一个重要的价值观——中庸。需要辨析的是，通常我们认为"和谐"与"中庸"哲学观都是儒家思想的观点，但包括《周易》哲学思想在内，这些哲学思想观点都是中国古典哲学的最原始的组成部分，先于儒、道等诸子百家区分学派之前就已经出现。况且儒家思想与道家思想的区别皆是后世学人做出的简单片面的分别，我们在学习这些古典哲学时应当注意其中的同异，而不可落入片面的、非此即彼的二元论陷阱当中。

在完成"格物"后，《老子》就对"天道"进行了总结以致知："天道"是动态平衡的，减少多余的部分而补充缺损不足的部分——古人谓之"圜"也，这个"圜"也正是由《周易》思想产生的"太极"理论的完整形态。这个"圜"和"太极"形态也正是"中庸"与"和谐"的表现形态之一。

在完成格物致知后，《老子》回过头来对人类文明和社会的情况进行了总结：人在很大程度上是主观唯心的，因此人之道与天之道恰恰相反，人类社会的规则总是强者通过压制、欺凌、剥削弱者来满足自己的私利私欲——动态但不平衡。然而人的欲望是无限的，社会中的"强者"更是欲壑难填，因此人类文明的历史上总是不断上演着强者与弱者之间的零和游戏，最终结局都是逼迫弱者不得不以流血和暴力的方式进行抗争——《老子》一言以蔽之："不道早已；不知常，妄作，凶！"

那么究竟如何才能改变或改善这种情况？《老子》给出了答案：只有顺应"道"的发展规律、尊奉"道"的价值观的"圣人"，才能引领人类文明进步、繁荣，最终达到人与人之间的"和谐"、人与自然之间的"和谐"。"圣人"治世的根本方法：为而不恃——无为；功成而弗居——不争，这就是"道"的价值观。"圣人"这样的行为纯粹是发自内心的"尊道贵德"，而不是虚伪的表演，因此《老子》赞之谓"贤"。

第七十八章

天下莫柔弱于水,而攻坚强者^①莫之能胜,以其无以易之^②。

弱之胜强,柔之胜刚,天下莫不知,莫能行。

是以圣人云^③:"受国之垢^④,是谓社稷主;受国之不祥,是为天下王。"

正言若反^⑤。

---

① 攻坚强者:主观的、主动的强制力和强力行为。

② 无以易之:无法真正从根本上改变其客观本质和规律。

③ 圣人云:指《老子》引用古代圣贤的话语。这里的"圣人"虽然生活在《老子》之前,但同样是指认识了、领悟了"道"的人,而非我们一般语境中在世俗道德上完美无缺的"完人"之类。

④ 受国之垢,受国之不详:可以承受国家遇到的屈辱和困难,并以"道"的发展规律和价值观加以改善。"受天下之垢"——《庄子·让王》。

⑤ 正言若反:真正具有真理价值的理论思想却看似与社会大众的一般价值观相反。"弱之胜强,柔之胜刚"等皆是此例。

　　《老子》在本章再一次以水为例来向我们说明"道"的客观运动规律和价值观。虽然我们可以凭借人力在一定程度上改变水流的速度和方向，但宏观角度上水永远向地势更低的地方流动。当"柔弱"的水遇到"坚强"的事物，总是改变自身速度和方向。这就是我们一般认识中对水的寻常看法，《老子》谓之"处人之所恶"。然而天长日久，滴水可以穿石；我们人力筑起的堤、坝虽然可以短期改变水的速度和方向，但当水不断积累，一旦量变形成质变，水就会冲垮堤坝，重新开始按照自然规律进行运动。这时，看似柔弱的水就能战胜所谓的"坚强"，虽然人力可以一定程度上主观改变其流速流量，却无法改变它本身的根本性质——"无以易之"。这就是水这种自然客观的物质跟随和顺应"道"的规律的体现。于是《老子》感叹，水表现出的"柔弱胜刚强"是人们日常生活中随处可见的普遍现象，却很少被人们从哲学角度认识到，更遑论用以指导自身的行为思想。

　　在《老子》的理想中，国家应当由那些认识到"道"的发展规律和价值观的"圣人"们来治理，以实现"我无为而民自化"的社会和文明的健康发展。但在当时乃至后世的社会发展历史中，统治者们却往往无视或无法认识到"道"的发展规律，而纯粹以自身的主观想法来行使统治权力。更有甚者不思治理天下，而是借助自己手中掌握的权力地位去贪求"生之厚""食税之多"，

"以身轻天下"来压榨百姓，致使"国家昏乱"、民不聊生、社稷蒙尘。

因此《老子》提出，只有能够"受国之垢""受国之不详"的人，才配得上成为"社稷之主"而"为天下王"。这里我们应该分析出《老子》虽未言明但却不言自明的一个观点：仅仅表面上承受国家的屈辱与灾难仍然是不够的。统治者必须采取正面的态度来看待和接受国家的屈辱与灾难，同时要以"道"的发展规律和价值观来积极采取行动，改善、解决和消除这些屈辱与灾难。如此，才能真正成为社稷主、天下王。

在这一过程中，以人力面对整个国家的困难和问题，人力当然显得柔弱和渺小。但统治者只要如同"上善之水"一样，以"道"的价值观来指导自己的行动和思想，随着"道"的积极发展趋势而治理国家，那么柔弱的人力必然能够战胜那些看似强大的问题和困难。反之，如果统治者不尊重历史发展的客观规律，采取主观唯心的态度妄图强行改变社会发展的方向和进程，那么必然将被"道"所抛弃——"不道早已"。这就是《老子》所谓"正言若反"式的思想观点。

同时值得我们注意的一点，《老子》在本章的思想中似乎隐约透露出一些超越其时代背景的、进步的政治思想。众所周知，在封建社会时代，天子、皇帝等统治者一般多为世袭。无论其道德水准、政治能力如何，但统治者无不将自己的统治权力包装以"受命于天"式的谎言。按照这种政治伦理，《老子》应当讲"社稷主，当受国之垢；天下王，当受国之不详"才符合其时代的特点。然而《老子》却"正言若反"，颠倒了当时那种政治正确的行文次序。可以说，这种现象就已经开始尝试打破封建统治者"受命于天"的伪装。

第七十九章

报怨以德①。和大怨，必有余怨，安可以为善②？

是以圣人执左契而不责于人③。有德司契④，无德司彻⑤。

天道无亲，常与善人⑥。

---

① 报怨以德：以"道"的客观规律和价值观来应对和解决"怨"代指的矛盾问题。

② 善：指符合"道"的客观规律和价值观的思想观念和行为实践，即"上善如水"章的观点。非善良、善心之意。本章最后一句"善人"同本句之意。

③ 圣人执左契而不责于人：圣人秉持"道"的价值观来处理问题和矛盾，但不强求社会大众也认同自己的思想观念。左契，即"道"的客观发展规律和价值观，与文中未言明的"右契"即社会大众的世俗价值观相对。《说文》曰"契，大约也"，《易》曰"后代圣人易之以书契"。

④ 有德司契：圣人认同并尊奉"道"的观念，是以尊重社会大众"我自然"的客观状况，同时以"道"来引领文明和社会发展进步。

⑤ 无德司彻：那些"无德"之人只会以片面、僵化和教条的法律法令来制约他人、压服社会大众。彻，周法"什一而税"，谓之"彻"，《说文》曰"通也"，为天下之通法。

⑥ 天道无亲，常与善人："道"之于任何人、任何事物都没有亲疏差别、没有差等，始终帮助和承托那些尊奉其发展规律和价值观的人。

我们在前文中数次讨论过，《老子》之"德"与我们平常所说的道德品质之"德"不是一回事，这是我们学习《老子》时需要特别注意的细节。前者主要是指"道"的价值观及评价标准，以《老子》倡导的朴素的客观唯物主义立场为出发点；后者则是我们寻常所说的思想道德，往往以人们的主观认识为立场和出发点。《老子》所谓"报怨以德"在古本中位于《第六十三章》，但与上下文意思不甚协调，因此历代学者们多数都认为其为本章错简。移至本章放在什么位置，又因不同学者理解不同，大致有了两种说法。一种说法认为应当在"必有余怨"与"安可以为善"之间，整句意为调和复杂的矛盾，必然引发新的、更大的矛盾，以高尚的道德来对待矛盾导致的怨恨，怎能符合人性善的标准。如果按照这种方式，那么本句其实就脱离了《老子》的思想，而进入了主观唯心的范畴。本句的"善"当然可以理解为寻常道德意识中的善良，或者妥善、完善，但在《老子》思想中，"善"这个字如同我们前面分析的"德"一样，是超越了主观唯心的人性的，是一种"道"的价值观的体现，这一点我们在"上善若水"章讨论过。因此在我

看来，部分前辈学者们认为"报怨以德"应当位于本章首句，无疑更符合《老子》全文主旨——对于矛盾和怨恨，应当以"道"的客观、中和的立场和价值观来看待和对待。而用主观的立场和方法去强行调和矛盾、化解仇怨，只能产生更大、更多、更深刻的矛盾与仇怨，这样必然是与"道"的价值观相悖的。

人类社会由于人性的特点，必然存在各种恩怨矛盾，于是人们想出各种办法来调解这些恩怨矛盾。但因为不同的人或不同利益群体之间的诉求不同，因此用人为的手段来调解和干预，不但不能解决问题，反而将带来更多更复杂的问题。尤其以一些思想所倡导的"以德报怨"的方式，由于受"人性本善"的唯心主义出发点的影响，更是走入了误区歧途。在《老子》看来，人类社会所特有的恩怨矛盾都源于人类特有的人性，正是因为人性的复杂，以及人性对各种欲望和利益的追求，才会产生和导致各种利益矛盾。人性当然是"道"的自然规律的一部分，但人性又在很多方面超过了"道"的合理范畴。因此要从根本上化解人性带来的种种利益矛盾，就要回到"道"的价值观和方法论上来。

《老子》提出"天道无亲，常与善人"，再次强调了"道"的中性、客观、不以任何人的主观意志为转移的特点。而我们在前文分析过，《老子》所谓的"善"的概念正是"道"的价值观，是一种客观不偏私、没有功利性的纯粹的真善，谓之"上善"。因此真正认识了

第七十九章

"道"的价值观的人就是上善之人。故而上善之人看待矛盾、化解矛盾时就会摈弃唯心主义的主观思想，而以客观的、实事求是的"道"的价值观为根本依据。前文我们说，"道"既是本体论又是方法论，人类社会的各种利益矛盾从本质上看依然是自然规律的有机组成部分，因此以"道"来调节和化解这些矛盾才是标本兼治的方法。

《老子》提出："是以圣人执左契而不责于人。"左契原意为古代的交易凭证的左半部分，古代交易中将契约的左右两部分合一以证明契约有效。契，可作"书契"，有"卜辞"的意思，《周易》："上古结绳而用之，后代圣人易之以书契。"后世学人理解"书契"有两种意思，一种认为即甲骨文上的卜辞，一种认为其泛指文字。然而无论是哪种认识，"书契"都是古代圣人感悟天地、建立哲学思想的种子的萌芽。是以"圣人执左契"即"圣人"坚定地秉持"道"的发展规律和价值观。在本章中《老子》以"契"代指"道"，提倡圣人在调解社会中的利益矛盾时应当以"道"的中和、客观的价值观为判断标准，而非以人性偏私的主观好恶来评判，所以谓之"不责于人"。契是一种约定双方在相对公平公正的条件下达成的协议，分左右，契约双方各执一侧。因此《老子》以"左契"具体代指"道"的价值标准，以未言明的"右契"代指具体的利益矛盾，完成契约时左右相合，意味着利益矛盾通过"道"的价值观标准和行为实践得到真正公平的解决，这便是《老子》认为的解决一切利益矛盾的根本方法。

遵"道"以有"德"，因此有德之人永远以"道"的价值标准来看待和管理人和事物，真正做到从根本上公平客观地解决问题，因此谓之"司契"。而无"德"之人不顾"道"的客观规律，仅以自己的主观好恶为标准，只顾及自身利益最大化，而不考虑是否公平合理，不给对方提供协商的余地，就如同封建社会的地主阶级或资本主义社会的资产阶级一样，利用自身掌握乃至垄断生产资料的优势而强行制定不公平的、使自身利益最大化的租税标准和规则，并强迫对方遵守和顺从，所以谓之"司彻"。

"天道无亲"，圣人或上善之人亦无亲、无私。面对利益矛盾时摒弃主观的私利私欲，而以客观、公正、实事求是的价值观和态度来看待和处理各种利益矛盾，自然就会得到客观、公正、实事求是的结果，因此自然就会使得自身融汇于"道"的积极正面的、"往而不害，安平泰"的发展大势之中。

第八十章

　　小国寡民。使有什佰人之器而不用，使民重死而不远徙[1]。虽有舟舆，无所乘之；虽有甲兵，无所陈之。使民复结绳而用之。

　　甘其食，美其服，安其居，乐其俗。邻国相望，鸡犬之声相闻，民至老死[2]，不相往来。

---

[1] 使民重死而不远徙：让人们重视自身生命安危而不轻易向远方迁徙或扩张。《马王堆帛书》作"使民重死而远徙"，无"不"字，意为让人们重视自身生命安危而远离或避免向外迁徙扩张的行动。传世版本与帛书版本哪一个才是《老子》原文，今已不可考，但两者文义皆合全文主旨。

[2] 民至老死，不相往来：不同群体长期各自生活发展，而互相之间不发生恶性冲突。民，指不同的社会群体；老，"七十曰老"——《说文》。老死，引申为很长时间、长期，乃至始终；往来，人类社会生活中的交往、交流，引申为利益矛盾导致的冲突、战争。

　　众所周知，在老子生活的年代，现代国家的概念还远远没有出现。古文之"国"，《说文》曰："国者，邦也；邦者，国也。"《孟子》曰："大国，地方百里，

次国，地方七十里，小国，地方五十里。"《周礼·注》曰："大曰邦，小曰国。"因此《老子》本章所论之"国"者，其实是指人们在社会生活中自然聚居形成的一个个体量相对较小、组织方式和结构较为简单的社会群体单位。接着，《老子》就用后面的文字描绘了这个"理想国"的大致蓝图。然而《老子》的这种想法却给后世学人带来了不少困扰，尤其是"使民复结绳而用之"一句，经常会使人产生一种《老子》倡导反智主义，企图开历史的倒车，鼓吹恢复原始社会形态的错觉。哪怕再前进一步，也不过是认为《老子》企图让社会形态停留在小农经济的程度上而不再发展前进。例如童书业先生说："这实际上是一种理想化的小农农村，保持着古代公社的形式。有人说，《老子》企图恢复到原始社会，这种说法并不妥。因为《老子》主张还有'国'，有统治；这种社会还有甲兵，而且能够甘其食，美其服，这些都不像原始社会的现象。老子只是企图稳定小农经济，要统治者不干扰人民，让小农经济自由发展，这就达到了他的目的。"那么究竟《老子》的本意如何，我们就继续结合前辈学者的观点来探讨一下。

冯友兰先生认为："《老子》第八十章描绘了它的理想社会的情况。从表面上看起来，这好像是一个很原始的社会，其实也不尽然。它说，在那种社会中，虽有舟舆，无所乘之；虽有甲兵，无所陈之。使人复结绳而用之。可见，在这种社会中，并不是没有舟舆，不过是没有地方用它。并不是没有甲兵，不过是用不着把它摆在战场上去打仗。并不是没有文字，不过是用不着文字，所以又回复到结绳了。《老子》认为，这是'至治之极'。这并不是一个原始的社会，用《老子》的表达方式，应该说是知其文明，守其朴素。《老子》认为，对于一般所谓文明，它的理想社会并不是为之而不能，而是能之而不为。有人可以说，照这样看来，《老子》第八十章所说的并不是一个社会，而是一种人的精神境界。是的，是一种人的精神境界，《老子》所要求的就是这种精神境界。"

胡适先生解说"什佰人之器"，认为"什是十倍，佰是百倍。文明进步，用机械之力代人工，这多是什佰人之器"。高明说："什佰人之器，系指十倍百倍人工之器，非如俞樾独谓兵器也。经之下文云，虽有舟舆，无所乘之，虽有甲兵，无所陈之，使人复结绳而用之。舟舆，代步之器，跋涉千里可为什佰人之工；甲兵，战争之器，披坚执锐可抵什佰人之力。可见什佰人之器系指相当于十、百倍人工之器。"（引陈鼓应先生《老子今注今译》注释）

相传老子生活在春秋时代，曾做过周朝"守藏室之官"，相当于今天的国家图书馆管理员。因此我们不难想象，老子在世时定然知识丰富，博览群书，比我们今人更加了解其所处时代之前的社会发展历史。同时，遍览《老子》我们可以认为，其哲学思想主要是朴素的历史唯物主义思想。其书中数次强调"道"的积极的发展规律，认为"道"始终在推动历史的车轮滚滚向前，从相较其所处时代更为原始的社会一步步走到春秋时期，也必然将一步步走向更加先进和文明的新的历史时代，正如我们今人所知。因此，《老子》必然不会违背自身思想的核心观点，而鼓吹社会重新回到低级的原始形态，或者在某一个发展阶段停滞不前。

那么为何《老子》说"使民复结绳而用之"呢？依我愚见，这不过是一个文学修辞上的比喻手法。所谓"结绳"其实是用来比喻人类社会生活当中最基础、最质朴的一些应用需求，而非实指原始社会的"结绳记事"。假如《老子》成书时代已经有标点符号，那么其一定会将本句中的"结绳"二字像我们今人一样加之以双引号。

根据前面引用的前辈学者的观点，我们可以赞成"什佰人之器"就是指《老子》成书时代那些可以代替基本人力的、效率更高的简单的机械。那么所有这些器械都为《老子》所反对吗？当然不是。在人类历史上，机械的使用极大地解放了人类的生产力，推动了人类社会和文明的进步，这是毋庸置疑的。《老子》作为朴素的历史唯物主义思想，自然不会反对这样的客观事实。那么我们不难推测，《老子》倡导人们应当放弃使用的"什佰人之器"其实是专门指用于战争的战车、攻城机械类兵器，正与下文的"虽有甲兵，无所陈之"相对应，这也与《老子》一贯倡导的反对非正义性战争的观点相对应。那么又何以"虽有舟舆，无所乘之"呢？船当然可以用于战争，但受限于那个时代的技术条件，当时所能造出的简陋的船只顶多可以用来运送军力，不属于传统意义上的武器，更多的场合则是应用于一般社会生产活动中的交通运输或渔猎。因此这里我们就要结合上面一句"使民重死而不远徙"来继续分析。

在我们生活的今天这样科技水平高度发达的社会中，人类迁徙活动已经成为一种常态。汽车、铁路、飞机等交通工具可以帮助我们在很短时间内安全便捷地来往穿梭于古人无法想象的距离。而在《老子》所处的时代，人类的迁徙扩张却是一件存在极大风险的事情。食物补给、野兽袭击、对陌生环境的适应，以及新建聚居的过程当中可能遇到的各种问题，都足以威胁人们的生命安全。而另外一种迁徙的方式，就是采取武力手段强行侵占其他人已经建设较为成熟的聚居地，这就必然会引发冲突和战争。可以说，人类为了拓展自己的生存空间而去侵略他人的生存空间，几乎是古往今来引发战争的主要原因。因此，《老子》希望所有的人能够意识到上述问题，从根本角度上重视自身的生命安危，将"舟舆"作为用于改善生活和生产的工具，而尽量避免向外迁徙扩张，同时也避免了相互争夺生存空间的矛盾，也就可以避免很多本不必要的战争。

然而人类社会的发展必然需要不断发展生产力、丰富各种物质需求，这是人类发展的必然趋势和现象，也是"道"的必然规律。如果仅靠强制性的命令或者主观愿望是无法避免这一历史发展进程的。《老子》当然意识到了这个问题，因此在"小国寡民"的基础上进一步提出，要创造条件使得百姓能够"甘其食、美其服、安其居、乐其俗"。如果要达到上述目标，就需要"圣人"以"道"的价值观行"无为"之治，带领百姓在"道"的积极发展规律的引领之下开展生活和生产活动。如此理解方为本章原旨，《老子》谓之"自化"。

人类社会的个人、群体乃至国家之间，必然需要进行沟通和交流，这也是社会和文明发展的必然客观现象。但《老子》却说："邻国相望，鸡犬相闻，民至老死，不相往来"，这难道不是脱离社会实际的唯心主义想法吗？一个"小国寡民"的小型社会组织，它仅靠自身的生产力必然无法满足人们"甘其食……"的条件，这难道不是《老子》的自相矛盾吗？其实，《老子》并非倡导字面意义上"不相往来"的封闭社会群体，而是希望避免这种"往来"可能导致的矛盾，以及可能由此引发的战争。百姓的生活需求其实非常简单，正如《老子》所说的甘食、美服、安居、乐俗。"往来"仅仅是满足百姓生活需求的诸多条件之一，而非根本的必要条件。因此《老子》希望各个社会群体之间的沟通交流，主要由"圣人"们依据"道"的发展规律和价值观来主导和掌握，制定和规范"往来"的方式和政策，用以约束人们的具体行为，如此就能够将"往来"可能产生的消极后果降到最低限度。在这样的情况下，百姓之间依然可以长期持续地"往来"，但却不会引起重大不可调和的利益矛盾而引发战争。我们现代社会各国政府之间的国际关系、外交活动，以及各种民间的国际来往，其实就是《老子》这一思想的某种体现。

第八十一章

　　信言不美，美言不信。善者不辩，辩者不善。知者不博，博者不知。

　　圣人不积①，既以为人，己愈有；既以与人，己愈多。

　　天之道，利而不害②；圣人之道，为而不争。

---

① 不积：不聚敛财富，不带有功利之心。"积，聚也"——《说文》，意为聚敛。
② 利：积极有益。与"害"相对。

　　本章作为传世版本《老子》的第八十一章，也是最后一章，又再次强调了"道"的价值观与世俗价值观的相对关系。"道"的价值观追求中性、客观的"真信""上善"与"真知"，而世俗价值观则对应了"华美""雄辩"和"广博"。我们在前文分析过，《老子》的社会观和世界观是开放的、多元的、包容的，秉持朴素的客观唯物主义哲学精神，因此老子在论述这三组相

对关系时虽然使用了"不"这个表否定的字眼，但在本章中兼有"未必"之意，而非彻底纯粹的否定。"道"的价值观与世俗价值观都有其存在的合理性，从根本上来说都是由"道"这个宇宙万物的根本规律自然发展出现的，因此《老子》虽然倡导前者，但并未彻底否定后者存在的价值和意义。

但《老子》认为，"圣人"依然要"与时偕行"，始终坚持"道"的价值观，顺应历史发展和前进的浩荡潮流，才能引领文明不断前进，才能不负"圣人"之名。"道"既是本体论又是方法论，是天地万物的根本真理，因此"圣人"说话行事必须以"信"为最高原则，也就是"实事求是"；以中性客观的"上善"态度来看待自己、看待他人、看待世间一切事物，从实事求是的立场和观点出发，故而无须为自己进行辩解，或对他人随声附和；坚持以"道"的价值观作为核心思想来指导自己的行为实践，不因吸收其他思想而产生动摇和疑惑。一言以蔽之——"天人合一"。

《说文》曰："信者，诚也；言者，直言曰言，论难曰语。"所谓"信言"者，用我们今天的理解即：客观、理性、全面、中和的言辞和道理。例如法律条文、数学公式，等等，它们不需要文法上的过多修辞、主观上的人为美化，只需要凝练、准确、朴实地表达明白意思即可，最大程度上避免产生曲解与混淆。

《老子》说："吾言甚易知、甚易行，而天下莫能知、莫能行"，因为"大道甚夷，而民好径"，"百姓皆谓我自然"。社会是广泛和复杂的，是由一个个拥有独立人格和意识的人组成的，在很大程度上是主观唯心的。因此客观唯物的"道"的真理并不被所有人认知，更无法让所有人遵行。这种客观状况是实事求是的、不以任何人的意志为转移的。因此《老子》倡导"圣人"要"不争""无为"，不以自己的主观意愿去强求人们像自己一样认同"道"，而是顺应历史发展的客观规律，积极参与和引领社会发展——这便是上善若水，便是"善者"。一旦"圣人"以言辞雄辩甚至巧智诡辩来强迫他人接受自己的观点，就会走入主观唯心的错误境地，而背离了"道"的价值观。"道"的根本规律体现在促进文明和社会的积极发展进步，而非剥夺人性的多样化和主观能动性，让天下变成千人一面的机械唯物主义式的社会。

无论社会整体还是人性的个体都是复杂与多样的，人类赖以生存的自然万物更是缤纷深邃的。无论个体还是整体都永远无法真正掌握宇宙间的一切知识和奥秘，更无法从客观的角度去观察"道"的本体全貌，"迎之不见其首，随之不见其后"。因此《老子》强调学习和观察"道"的人不应当以"博"来求"道"。"博"不但不能帮助人得"道"，而且"其出弥远，其知弥少"。片面追求知识的广博反而会产生"乱花渐欲迷人眼"的负面效果，因此在学习知识的过程中，要以

"道"的客观规律和价值观为核心，通过对知识的学习和吸收来促进对"道"的认识、更好地掌握应用"道"的方法。故而本章的"知者"应从"知"字本意，作"明白""懂得"讲，"知者"即明道、闻道之人，而非通假"智"字。

在本章最后，《老子》再次将天与人、道与德之间联系起来。天之道永远代表着客观历史发展与进步的潮流，因此"圣人"也顺应天道而有所作为，故而不可妄为、不可带有私欲和私利，是谓"不争"，是谓"无为"，是谓"有德"，因此尽管"圣人不积"，但其"德"行自然会为其带来源源不断的发展与进步的能量。天与人、道与德的这种联系，再次展现了《老子》思想中的最高追求——人类个体、社会乃至整个文明，只要将思想与实践这两方面结合起来，同时与"道"的客观发展规律和潮流形成同步和协调的关系，自然就能获得进步和升华，而终达真正意义上的"天人合一"。